山の社会学

菊地俊朗

文春新書
175

はじめに

登山をめぐる環境が、大きく様変わりしている。目指す山へのアプローチ、山小屋、食料、装備といったハード面にとどまらず、救助体制、医療などというソフトの面に至るまで、ひと昔前とは全く違ってきている。

当然、山への登り方も変わってきた。百名山登山に象徴されるような〝巡礼登山〟がブームになる一方、身近な里山も、自然とのふれ合いを求める機運の中で見直されてきている。また、かつては第三の極地といわれたヒマラヤなどへの登山も、気軽に挑戦できる体制ができ、国内に目を転じれば、観光登山ともいえる安易な山歩きも流行している。日本の国の内外で、ツアー登山は完全に営業ベースに乗ったといえそうである。

こうした傾向を、登山がバラエティに富むようになった、と言えなくもない。

しかし、その一方で、四十代より若い世代の登山者の姿がめっきり山から消えた。苦しい、汚い、危険——いわゆる3Kという言葉は、もともとは別の場合に使われていたようだが、今や、登山は若い世代から3Kそのものの世界と見られている気配が窺える。よく見ると、日本の山は五、六十代の中高年が占拠する場となっている。

山国、信州で暮らして四十有余年になる私は、登山を何より愛好し、また、日本アルプスのある中部山岳地域をエリアとする新聞社に身を置いてきた職業柄、山や登山をウオッチする立場にもあった。

改めてこうした山や登山の変貌、変容を眺め直してみると、そこには、戦後この方の日本社会の歩み、矛盾、ひいては日本人の生き方が、濃縮した形で映し出されているように思える。登山は、日本社会と日本人の、いい意味でも、悪い意味でも、サンプルなのかも知れない。

未知の探究、可能性、限界への挑戦——といった、従来いわれてきた登山の定義では、もはや現代人の登山動向を説明しきれない。戦後日本の登山を、私の知っている昭和三十年(一九五五)ごろからをベースに、その進歩やひずみを、なるべく具体的な事象を述べる形で、大ざっぱながら検証してみたのが本書である。これまで語られることの少なかった登山の舞台裏、例えば山小屋の経営とか、アプローチの車道ができたいきさつ、登山道整備の問題などを扱った。『山の社会学』というタイトルも、単なるエッセイではないとの思いで付けた。日本の登山のあり方を、この辺で考えてみるステップを、私なりに提供できないかというのが、ひそかな願いである。

登山愛好者として、多少、脇道にそれる項目を含めた点は、ご容赦ねがいたい。

◆目　次◆

第一章　山小屋について

1　変質する営業小屋

富士登山の「富士泥棒」

今では信じられないことだろうが、戦後、しばらくの間、北アルプスの山小屋泊まりは、米持参が条件だった。一泊二食に翌日の携帯食のおむすび付きで五合というのが相場。昭和二十九年（一九五四）、私が初入山したときには、宿泊代の五百円とは別に、二升ほど背負って行った。槍ヶ岳直下の殺生《せっしょう》小屋で、持参の米を出して、代わりに肉の入っていない粉っぽいカレーライスを食べさせられた記憶がある。

山小屋誕生のいきさつは、山群ごとに独自の事情があり、それぞれ異なる。富士山や白山《はくさん》、紀州の大峰《おおみね》山（山上《さんじょう》ヶ岳）一帯など、千年もの昔から修験道の舞台や宗教開山の場となった山には、石室《いしむろ》とか行屋《ぎょうや》と呼ばれる山小屋があった。もちろん、現代の山小屋レベルからはほど遠く、石囲いをしたり、あるいは天然の岩屋を利用した雨風をしのげれば、といった程度のものであった。

営利を目的とした営業小屋が真っ先に繁盛した山は、富士山であろう。

十七世紀、長谷川角行《かくぎょう》（一五四一〜一六四六）によって富士講が開かれ、その後、代々の弟子たちの活動があって、江戸時代中期には、実態よりかなりオーバーな表現らしいが、江戸だけで八百八講、関東一円では二十万戸を超える富士講道者《どうしゃ》がいたといわれる。

江戸から四、五日かけて富士吉田や富士宮にやって来た道者たちを、現代の旅行代理業者ともいえる御師《おし》の手配によって、先達や強力が案内につき、彼らを登山させた。だが、じっさいに山に登るには、坊入《ぼういり》（宿泊料）、山役銭《やまやくせん》（入山料）、円座銭《えんざせん》（休憩料）が取られ、信仰登山だから禊《みそぎ》料も必要、はては杖代等々といったさまざまな名目で散財させられるのだった。「富士泥棒」といった、あまり芳しくない言葉が生まれた所以である。

レストラン顔負けの食堂も登場

一方、北アルプスは十九世紀を迎えてもひっそりとしていた。槍ヶ岳が越中の念仏僧、播隆《ばんりゅう》によって開山されたのが、ようやく文政十一年（一八二八）である。

信州では今も、「東山」「西山」という言葉が残る。里人が、自分たちの住んでいる土地から眺めて、東に連なる山嶺は、十把ひとからげに「東山」なのである。「西山」はその逆だ。例えば、白馬《はくば》村の人たちは針《はり》ノ木《き》岳から白馬《しろうま》三山にかけての、通称後立山《うしろたてやま》連峰を「西山」と呼び、鬼無里《きなさ》村との郡界をなす山稜を「東山」といっている。今ではその山稜の一ピークに「東山」の名前が固定されてしまっている。個々の峰々への関心は置き去りにされていた。

北アルプスの黎明は、富士山や木曾御嶽《おんたけ》などよりはるかに遅い。

松本藩の時代、飛騨新道の開道もあって、上高地《かみこうち》には粗末ながら温泉小屋ができ、梓川《あずさ》を上流につめた一ノ俣、二ノ俣あたりまでは森林伐採用の杣《そま》小屋もあったが、北アルプスに登山者を対象にした本格的な山小屋が初めて開業したのは、北部の白馬岳に明治三十八年（一九〇五）、松沢貞逸《ていいつ》が造った白馬山荘《しろうま》だった。

南部となると、やっと大正六年（一九一七）のことである。後に槍岳《やりがたけ》山荘や常念《じょうねん》小屋を開く、松本在住の穂苅三寿雄《ほかりみすお》、山田利一《りいち》らの造った日本アルプス旅館「槍沢小屋」がそれだ。これを機に、現在の北アルプスの小屋の前身が、稜線の鞍部、カール（圏谷《けんこく》）や雪渓の末端などに次々に誕生する。

いま北アルプスには、北部の剣《つるぎ》岳、立《たて》山から南部の穂高《ほたか》岳、乗鞍《のりくら》岳までの富山県、長野県、岐阜県の三県で、九十九軒（経営者六十五人）の山小屋がある。白馬岳の北にある雪倉《ゆきくら》岳や犬《いぬ》ヶ岳、白鳥《しらとり》山などの新潟県には避難小屋もあるが、ほとんどが営業小屋である。明治、大正時代に創業した白馬、槍、常念、燕《つばくろ》などの山小屋は、二代目の常念を除けば、いずれも三代目の当主の時代に入っている。

それとともに、間口三〜四間、奥行き四〜五間、掘っ立て柱に屋根は小板ぶき、というのが標準だった昔の小屋に取って替わり、人気の名山をかかえる山小屋は、今や電灯、テレビ、電話は常識、町なかのレストラン顔負けの食堂のあるところも珍しくない。食事も、冷凍食品の普及で、下界の食卓に遜色ないものが並ぶ。

白馬岳の頂上近くにある収容人員千五百人という白馬山荘は別格として、畳一畳に二人ぐらい寝かせれば、ゆうに五、六百人を収容できる小屋も数軒ある。実際に最近は、そんな詰め込みはまずないから、気がついたら人の上に寝ていたとか、頭と足を一人ずつ交互にして寝かせた「サンマ詰め」の時代は確実に遠のきつつある。

北アルプスの宿泊料は、平成十二年（二〇〇〇）、一泊二食で八千五百円前後といったところ。翌日の弁当代は別料金で、だいたい千円。小屋によっては特別料金を払えば、個室のあるところも少なくない。米持参で登った世代からすれば、夢のような変わりようである。

登山ブームの三つのヤマ

戦後この方、登山ブームには三つのヤマがあったと私は考えている。最初は昭和二十年代後半から三十年代前半。第二次は、ベビーブーマーたちが山をめざした、昭和三十八年（一九六三）から四十五年前後にかけてである。いわゆる大衆登山時代が到来し、若い世代の登山者が圧倒的に多かった。その一方で、山小屋の設備、収容力がブームに追いつかず、夏の山小屋は混んでいるもの、食事はお粗末で応対もぶっきらぼう、というイメージを山小屋に残した。

若い団塊の世代が山から姿を消した後、第三のヤマは、平成に入ってからやって来た。中高年を中心とする登山ブームである。体力、技術はないが財力はある世代が主役の時代、といえようか。日本百名山登山も、このブームに拍車をかけた。夏休みの期間中こそ、家族登山や学生のグループを目にするが、九月に入ると、どこの山も中高年一色。北アルプスの槍、穂高、白馬、立山などの名だたる山はもとより、危険度が低いと見られている燕岳―常念岳―蝶《ちょう》ヶ岳の稜線は、五十代から上の人たちで占領される。それも女性の姿のほうが多い。

大方は、小屋に着いたらまずビールで乾杯！　のご一行様である。だから、今の山では一缶五百円の缶ビールが飛ぶように売れる。ヘリコプターによる荷上げに占めるビールの割合は、小屋にもよるが、年々高まるばかりだ。

「万小屋」はせいぜい十軒

北アルプスの大正時代、創業期の山小屋の宿泊料は一泊二円から二円二十銭で、決して安いものではなかった。サラリーマンの月給が二、三十円の時代である。しかも案内人、強力《ごうりき》も雇わなければならなかったから、現在の八千五百円とは比較にならぬほど高くつくのが登山であった。寝具も食事も、今とは比べようもないほど粗末だった。

今の営業小屋は登山者収容のノウハウも洗練され、はっぴ姿の男女のアルバイトも、ホテルマンを思わせる丁重な応対で、「お疲れさま」「ありがとうございました」の声が飛び交う。かつては「小屋のオヤジさん」だった人が「会長」「社長」に変身し、人柄の良さは消えぬものの、真剣に山小屋経営を考えている。

第二次ブームの後の急激な登山者の落ち込みを体験してきた「小屋のオヤジさん」たちにとっては、高齢化の進む登山者層の先行きに安閑としていられない心境なのだ。小屋を大きくすればするほど、小屋の生命線ともいうべき水の確保（ポンプアップ・貯水）から始まり、し尿処理などの環境対策、医療などの客の安全対策に至るまで、数千万円のオーダーで設備投資が必要になってくる。登山者の動向との兼ね合いには、いやおうなく神経を使わざるをえない。一つの山にそう何度も登るわけではない登山者には、こうした山小屋の台所事情は簡単には理解できないものだろう。

ひとくちに営業小屋といっても、その実態は千差万別である。宿泊者数を見ても、小屋開けする四月末のゴールデンウィークから、閉める十一月の文化の日ごろまでの半年間に、万を超す登山者を迎える小屋もあれば、千人にも満たない小屋もある。白馬山荘や涸沢《からさわ》ヒュッテを筆頭に、盛況を続けている「万小屋」はせいぜい十軒にとどまる。

北アルプス北部の風吹《かざふき》大池のほとりに、小谷《おたり》村が委託経営している風吹山荘がある。なかなか幽玄の趣のある一帯だ。近年、この風吹岳にも登山道が開かれたが、それでも風吹山荘の宿泊者は年間で二百人ていどだという。

穂高町が直営していた大天井《おてんしょう》岳の大天荘も、赤字に音を上げて、平成十二年から隣の燕山荘《えんざんそう》に経営を委託した。「八時間労働、転勤を前提にした町役場職員が駐在して経営が成り立つほど、山小屋経営は甘くない」という厳しい声も聞かれる。とはいえ、緊急事態に陥った登山者の救助対策の役割も担う山小屋は、赤字だからという理由だけで廃止にするわけにはいかないジレンマがある。

山で音楽を聴く

山小屋といえども、営業している以上、競争である。

首都圏に近い八ヶ《やつ》岳には、登山口も含めて三十二の営業小屋があり、その競争は厳しいものがある。北アルプスより小屋の歴史は浅いが、冬でも積雪が比較的少なく、入山しやすい立地条件もあって、戦後、歩程一〜二時間に一軒というほど小屋が乱立した。俗称「小屋ヶ岳」といわれる所以だ。

日帰り登山も可能な山も含まれている山域だけに、各小屋ともさまざまな工夫、特色づくりをこらしている。クロスカントリーや自然観察の企画、宿泊客送迎など、経営努力は並大抵のものではない。

私が感心したのは、平成十二年の夏で三十回を数えた黒百合ヒュッテの「雲上コンサート」。『北八ツ彷徨』の著書のある山口耀久《あきひさ》が愛した北八ツの小屋らしい企画である。山も音楽も好き、というファンにすっかり定着した感がある。小屋主の米川正利さんは「私の道楽」という。確かに出演者らの特別の協力とはいえ、コンサートのたびに何人かの音楽家を招き、演奏後は、百人からの登山客にワインや日本酒をふるまって通常料金というのでは、ボランティアであろ

う。しかし、

「ふだん聞き慣れている音楽でも、山で聴くと、自然界の別の音や雰囲気が入り交じって、都会の音楽会とはまた違った味わいがあり、楽しみだ」

と、演奏家の〝追っかけ〟で山に登ってくる客もいるのだから、人寄せとしてはまずは成功であろう。


　北アルプスでも、燕山荘の社長、赤沼健至《けんじ》さんはホルンなどの名手で、時に応じ、宿泊客に演奏を披露し、山のガイドを務めたり、「スノーシュー教室」を開くなどしている。また、穂高の涸沢ヒュッテでは夏のシーズンの一日、音楽祭を催すが、千人もの登山者がカールにこだまする音楽に耳を傾ける。このように最近では、意外な流れとして登山と音楽のミックスが定着しつつある。

黒百合ヒュッテのコンサート

一泊多くする流れ

　こうした流れは、登山者の〝質〟の変化と連動している、といえなくもない。中高年登山者は、ただがむしゃらにピークに立つことだけを目的にしていない。その道々での植物や他の峰々などの自然観察、あるいは仲間たちとの会話などにも大きな楽しみを見つけている。登山そのものの純粋な楽しみとはいえないかもしれないが、登山プラスアルファの世界を求めている傾向がうかがえる。自分の体力の限界を承知してか、急がぬ山旅を心がけている人が多い。

若い人たちが中心だった第一、第二の登山ブームのころには、例えば槍ヶ岳に登るのに、上高地から一気に山頂近くの小屋まで登り、翌日、槍の山頂に立って下山する一泊二日の行程が主流だった。

しかし、最近では、槍の肩まで一気に行かず、途中の槍沢ロッヂで一泊よけいに入れる中高年登山者が目立って増えてきている。かつては途中休憩の場くらいにしか見られなかった槍沢ロッヂの存在が、時の流れとともに見直され、万小屋の仲間入りをしつつある。

小屋側は、こうした登山者の動向を、営業にどう結びつけて行くのか、大いに知恵をしぼる時代を迎えた。

2　充実する避難小屋

装備軽量化の恩恵

そこは、一階と二階の入口が別々になっていて、それぞれ三十畳ほどの部屋がある。丸太造りのがっしりした建物は、一、二階とも深い軒があり、その下は二十人ぐらいが楽にパーティーを開けそうなテラスになっている。部屋の片隅には水道も引き込んである。何より清潔なのがいい。トイレは少し離れていて、野外炊飯場の近くにあるが、これも清掃が行き届いていた。

北海道旭川市から北東へ車で約一時間、岩尾内《いわおない》ダムの近くで林道に入り、さらに四、五十分も進むと、その小屋はある。キャンプ場も併設した、地元朝日町の町営の天塩《てしお》岳ヒュッテである。天塩岳（一五五八㍍）へはここから登る。

私が泊まったときは、七月末だというのに二階に一パーティーがいるだけで、階下は私一人という別天地。これが避難小屋とは、かつての避難小屋のお粗末さを知っている者としては信じられないような施設である。使用は無料、ということに気をよくしたこともあって、小屋の記録簿に「日本一の山小屋といっていい」と書き残した。翌日、登った天塩岳の山頂の手前にある避難小屋も、小さいが頑丈な造りだった。

清潔で使用無料の天塩岳ヒュッテ

百名山巡りに代表される、昨今の中高年登山ブームの背景に、登山装備の改良と軽量化が、大きな助けとなっていることは言うまでもないだろう。

私の経験でいえば、一九六四年（昭和三十九）、ヒマラヤへ遠征したときの五、六人用テントの重量は十キロ以上だった。それが雨に降られて濡れようものなら、さらに重くなって十五キロ近くになったように記憶している。

今それと同じ大きさのテントは三キロ前後で、居住性も良くなった品が三万円ていどで市販されている。衣類や携帯食も、格段の進歩を見せている。ヒマラヤや南極、北極の極地への挑戦の過程で考案され、さらに二十世紀後半の人類の宇宙への挑戦が生み出した数々の発明、創意工夫が民用化されたことが、日常生活はいうに及ばず、登山の世界にも大きな恩恵をもたらしたのである。

しかし、そうした装備、食料の改良に比べて、山小屋の整備にともなう恩恵については、あまり語られていないように思う。私が少し注意を喚起したいのは、当の登山者自身、山小屋についての認識がばらばらなのではないか、という側面である。例えば、営業小屋と避難小屋をどうも混同している登山者が一部にいる。だから、避難小屋に営業小屋と同じサービスを期待したり、営業小屋の救難態勢を当然だと心得ているように見えてならない。

仙丈小屋と志津小屋の場合

山小屋の状況を知る手がかりとして重宝するものに、山岳雑誌「山と溪谷」が毎年、新年号で別冊付録としている「山の便利帳」がある。約百四十ページにわたって各山岳地の宿泊施設が紹介されている。正確に数えたわけではないが、山麓の温泉旅館も含めて、千三、四百軒は取り上げられている。

「山の便利帳」を見て判然とするのは、山域によって営業小屋と避難小屋のばらつきがあるということだ。どういうことかというと、北アルプス、八ヶ岳、富士山、尾瀬《おぜ》、志賀《しが》高原、秩父《ちちぶ》、丹沢《たんざわ》、大峰（台高《だいこう》）、四国は営業小屋が圧倒的に多い。端的にいえば、これらの山域は登山者の数が多く、営業小屋としてやっていけるということだ。

それに対して、北海道、東北、上越、南アルプス、中央アルプス、白山《はくさん》や紀州の一部、中国、九州といった山域では、小屋は避難小屋が主流である。もともと避難小屋は、登山者や山仕事で入山する人の安全を考えて、地元がそれぞれの判断で造ってきた事情があり、はじめから営利を度外視している小屋がほとんどである。

避難小屋の大半は地元自治体が造っている。最近は、高額になった建造費の一部捻出や、利用者の多い小屋は夏季に臨時管理人を置くので、それらの維持費を「協力金」の名目で求めるケースも出ている。

南アルプスの仙丈《せんじょう》ヶ岳（三〇三三㍍）の頂上直下に、平成十二年（二〇〇〇）七月一日から全面改築されてオープンした仙丈小屋もその一つである。延べ床面積百九十四平方メートル、五十人は収容できる広さだ。以前の小屋と比べると、格段に登山者のニーズを考えた施設になった。素泊りで三千円（寝具付きの場合は四千円）。夏季には管理人もいる。

うっかりしていると、営業小屋だと思ってしまうが、これが避難小屋なのである。以前の小屋が荒廃して、近くの水場への汚染も問題になっていたので、地元の長野県長谷《はせ》村が、総工費二億円を投じて建て直した。新しい小屋は、風力、太陽光利用の発電設備を持っていて、その電力の一部は問題となったトイレのし尿分解用暖熱に使われる。この発電関連設備だけで五千万円の資金を要し、その半分には国庫補助がついたが、あとは村の負担だったという。

二〇〇〇年は管理人のいる夏場だけで約三千人が利用した。予想を上回る利用状況にもかかわらず、彼らが払った「協力金」だけでは、これだけのデラックス小屋を維持していく上で、とても採算はとれない。しかし、南ア・スーパー林道に観光用村営バスを走らせて北沢峠まで登山者を運び、仙丈ヶ岳を看板としている村の〝責任〟がある。痛しかゆし、である。

日光の男体山《なんたい》と大真名子《おおまなご》山の鞍部にある通称「志津《しづ》小屋」は、もともとは二荒《ふたら》山神社の修行のための社務所だったが、いつの間にか登山者が使用するようになっていた〝避難小屋〟の一つである。建物の傷みが激しく、十年ほど前に建て直すことになったとき、関係者の頭を悩ませる難題が生じた。修行のためという建前と、避難用に使われているという実態をどう折り合いをつけるのかという問題である。

地元の日光市も、神社の所有だけに対応に苦慮し、市費に加えて再建費用七百五十万円の二分の一を県費補助でまかなうということで神社側の同意を得て、現在の小屋ができ上がった。小屋の正式名称を「志津行屋避難小屋」としたところに、そのあたりのいきさつが窺える。

いまや避難小屋がおすすめ！

山をレクリエーションの場として再認識する風潮が追い風となり、バブル景気に一時期浮かれた地方自治体の「箱物づくり」のおこぼれもあって、営業小屋がほとんどなかった山域で避難小屋が充実している事例はけっこう多い。

北海道は、山中にある幌尻《ほろしり》小屋、後方羊蹄《しりべし》小屋を別格として、先に紹介した天塩岳ヒュッテのように登山口に立派な小屋が多い。羅《ら》臼《うす》岳登山口にある木下小屋は、数少ない営業小屋の一つだが、露天風呂つきで素泊り千五百円と営業小屋としては格段に安い。もっとも小屋の支配人によると、

「この値段ではほんとうは割に合いませんが、公営の小屋が無料とか五百円ていどなので、これ以上いただけないんです」

東北には、一度は泊まってみたい雰囲気のある避難小屋が少なくない。指を折っただけでも、青森の白神山小屋《しらがみ》、八甲田《はっこうだ》仙人岱《せんにんたい》ヒュッテ、岩手の焼石岳《やけいし》銀明水《ぎんめいすい》小屋、五葉山《ごよう》石楠花《しゃくなげ》荘、福島へ行けば三岩岳《みついわ》、会津の駒《こま》ノ小屋が挙げられる。山形ではこの三、四年、大朝日《おおあさひ》、梅花皮《かいらぎ》、狐穴《きつねあな》と、ほぼ毎年一棟のペースで小屋を新しくした。

私が見た範囲でいうと、秋田の避難小屋の整備が行き届いているのが、とくに印象に残っている。秋田県によると、県がそれぞれ二分の一の国庫補助を得て、十二の避難小屋と山麓に三つの山荘を建設し、地元町村と協力して運営しているという。麓の山荘は素泊り千三百七十円だが、山中の小屋のほうは無料である。虎毛山《とらげ》山頂の小屋（平成二年、建設費千百万円）、乳頭《にゅうとう》山の田代岱《たしろたい》にある小屋（平成五年、同二千八百万円）などが、小ぎれいでしっかりした造りだった。

秋田県がユニークなのはそれだけではない。小屋の運営のために非常勤の管理員を二十三人雇っているのである。月給は九万一千円で、年に百八十五日入山するのが契約だという。管理員はそれぞれ担当の小屋や登山路を巡回し、簡単な補修、清掃などを任されている。このために年総額二億五千万円の人件費がかかるが、県が負担している。

新潟も、北の飯豊《いいで》連峰から始まって上信越国境の山々、そして北アルプスの北部稜線を擁しているだけに、多くの避難小屋を抱えている。越後三山の一つ、中《なか》ノ岳の小屋、丹後《たんご》山の小屋、粟《あわ》ヶ岳の砥沢《とざわ》ヒュッテ、米《よね》山の小屋、火打《ひうち》山の高谷《こうや》池ヒュッテ、北アルプスでは犬ケ岳や白鳥山の小屋などが、しっかりしていて、なかなか良い小屋である。白山も三ノ峰の小屋はいい。

意外といっては申し訳ないが、中国や九州でも最近はいい小屋ができ始めている。九五年の夏、鳥取の扇ノ山《おうぎせん》に出かけたとき、山頂に小屋ができたばかりだったが、二階の廊下をすのこ状にして、靴のドロや雪を落とさせる工夫をするなど、従来の山小屋にはない工夫をしていた。岡山の那岐山《なぎ》の小屋も別荘風で展望抜群だった。

九州では、大分と宮崎の県境の祖母山《そぼ》で、九六年正月、地元の大分県緒方町が九合目に建築したばかりのあけぼの荘の世話になった。

こうした避難小屋の充実は、少しずつ登山そのものの流儀にも変化を及ぼしているように思える。ピークを踏むことが大きな目的であることに変わりはないが、その途中にある小屋を別荘代わりに使いこなし、仲間や家族と一夜の酒宴や語らいを楽しむ傾向が芽生えてきている。営業小屋と避難小屋とでは利用法もおのずと違うし、違ってくるべきだが、いずれにしても健全な余暇利用を推奨する地方自治体の施策に、ヒントを与える動きであることは間違いないだろう。

3　ヘリコプター縦横

画期的だった冷凍食品の登場

日本で初めて山岳遭難救助にヘリコプターが出動したのは、昭和三十二年（一九五七）の七月である。北アルプス・前穂高岳で転落し、頭部に負傷した大阪府立大学の二年生を、海上自衛隊館山航空隊のＳ55機が着陸して収容、松本市内の病院に運んだ。

カール（圏谷）をなす涸沢は、標高二三〇〇メートルである。当時のヘリの性能で、この高さへの山岳出動に支障はないかどうか、大いに注目されたものだが、無事救出に成功した。

それから四十年余り——。

今では、山小屋への食料や用具の荷上げに、そして遭難救助にと、日本アルプスの上空にヘリの飛ばない日はない、といっていいほどである。山小屋関係者の中には時に小屋から小屋へ、ヘリで渡り歩いている人もいる。とりわけ登山者の多い北アルプスや八ヶ岳などは、ヘリなしでは成り立たない世界へと変貌してしまった。

もっとも、初出動から一気にヘリ全盛時代に移行したわけではない。四半世紀ほど前の昭和四十年代前半までは、ヘリコプターは依然として〝貴重品〟であり、荷上げも救助出動も、限られた範囲であった。ヘリの専門家や小屋主たちの話によると、ヘリ時代の引金を引いたのは、冷凍食品の登場だろうという。

それまで山小屋の食事といえば、晩飯が粉末から作るカレーライス、朝は海苔や佃煮をおかずにご飯と味噌汁というのが定番だった。それが冷凍食品の開発で、食料の軽量化、おかずの多彩化、料理の簡便化が進み、率先して導入する山小屋が現れた。そうなると各小屋ごとの食事改良合戦。A小屋がハンバーグなら、B山荘はステーキと、サービス競争はエスカレートする一方だった。

しかし、山小屋に電気がつく時代とはいえ、ほとんどが自家発電で、大型冷蔵庫を設置できるほどの電力はない。小まめに冷凍食品を補給する必要に迫られ、必然的にヘリによる荷上げの回数を増やすことになったというわけである。

昭和六十年代（一九八〇年代後半）に入ると、小金があり、食にうるさい中高年の登山者が、さながら山小屋を席巻する時代が到来する。それとともに重いために荷上げを敬遠されてきたビールは、ヘリ時代の主役に躍り出る。荷上げのボッカは、いつの間にか山から姿を消した。

ヘリ墜落事故を乗り越えて

ヘリコプターそのものの性能、パイロットの操縦技術の向上も見逃せない。

昭和五十三年の春、槍ヶ岳での遭難救助に出動した自衛隊ヘリ、バートル機がバランスを崩して、なんと槍岳山荘の屋根に墜落するという事故が発生した。二つの回転翼を持ち、図体の大きいヘリだったが、山岳出動には不向き、というのが大方の見方であった。

そうした歴史を経て、現在、日本アルプスで活躍する主力ヘリ会社の東邦航空が保有するアエロスパシアルＳＡ３－５Ｂ（通称ラマ）は、〇・七トンの荷物を吊って軽々と下界と三〇〇〇メートル峰を往復する。同型機はヒマラヤの七五〇〇メートルに着地した記録も持っている。

東邦航空が本格的な山岳輸送を始めて二十六年余り、急峻な地勢と変わりやすい気象の特徴をすっかり飲み込んだパイロットたちの操縦は、その手際のよさと大胆さで、いまや山小屋関係者の絶大な信頼を得ている。しかし、ここへ至るまでには、同業者が危険だとしぶる飛行を引き受けたり、山小屋側のスケジュールを尊重するなど、さまざまな苦労と試行錯誤があったようだ。

同社の山岳輸送、救助の責任者、篠原秋彦松本営業所長によると、平成十二年秋の時点で、管内の八割を超える六十四軒の山小屋へ、通常物資だけで年に千二百～千五百トンを運ぶそうである。小屋の増、改築、あるいは各種設備の新設などがあるときは、年により開きはあるが、さらに千～二千五百トンの荷上げが加わる。

涸沢ヒュッテ、白馬山荘、燕山荘、槍岳山荘など、大きい小屋ともなると、年に各百五十～二百トンにも及ぶ。つまらない計算をすると、仮に通常物資を千五百トンとして、登山者一人当たりが十キロを担いだとして、十五万人分ということになる。

激増したヘリによる遭難救助

様変わりしたのは、荷上げだけではない。遭難救助活動も、昭和五十五年ごろまでは地上からの救出、遺体搬出が中心で、ヘリコプターの出動は年に三、四十回程度、それもほとんどが東邦航空などの民間機をチャーターしてのものだった。

ところが、昭和五十六年、長野県警がヘリを導入してからは、年を追うごとにヘリを使っての救助活動が増加し、平成十一年（一九九九）には遭難発生件数に占めるヘリの利用率は、官、民合わせて八五パーセントにも達した（次ページ表参照）。しかもこの傾向は、平成十年に防災用に導入された県のヘリも、時として遭難救助に使われるようになったので、ますます高まる気配だ。ちなみに、平成十二年現在、全国のヘリコプターの機数は、①民間—七百機強②自衛隊—七百機弱③官公庁—二百十機（東邦航空調べ）である。

とはいえ、民間ヘリによる救助活動が減少しているわけではない。ヘリ専門家によると、最近は都道府県のほとんどが警備、防災の目的でヘリを導入しているが、その機種は山岳出動には必ずしも向いていないというのである。

例えば長野県警が最初に導入した「やまびこ」はベル二二二型、次の「しんしゅう」はジェットレンジャーで、それぞれ実用に際して向き不向きがあるが、少なくとも山岳地帯の飛行に

長野県内の山岳における遭難救助の航空機（ヘリコプター）活用状況

（平成元年～11年）長野県警察本部地域課調べ

年別（平成）	発生件数	航空機出動件数	警察・民間別	出動件数	出動回数	負傷救助	病気収容	遺体収容	捜索	発生件数に対する利用率
1	104	68	警	29	34	38	6	19	31	65.4
			民	47	54					
2	97	51	警	27	37	24	9	17	21	52.6
			民	31	35					
3	92	54	警	27	33	26	8	14	23	58.7
			民	33	41					
4	104	72	警	34	48	38	7	28	34	69.2
			民	42	51					
5	95	61	警	30	40	39	2	20	33	64.2
			民	40	49					
6	105	82	警	46	52	42	16	16	21	78.1
			民	36	38					
7	107	88	警	20	29	47	16	21	40	82.2
			民	68	86					
8	124	74	警	28	33	47	5	19	24	59.7
			民	55	59					
9	99	67	警	30	39	33	5	21	29	67.7
			民	45	49					
10	107	77	警	35	62	37	11	25	61	72.0
			防	7	9					
			民	45	52					
11	121	103	警	66	94	62	22	21	59	85.1
			防	12	15					
			民	43	48					

［注］警＝長野県警ヘリ。民＝民間ヘリ。主として東邦航空。防＝長野県防災ヘリ。平成10年より出動。

関しては東邦航空のアエロスパシアルSA3—5Bには及ばないらしい。

加えて、山岳専門のパイロットは、それぞれの山の地勢に通じている上、厳しい営業の日課も黙々とこなす、いわば山岳飛行のプロである。山岳出動などをあまり体験しない一般の官公ヘリは、遭難現場を遠巻きに安全航行しがちだともいわれる。このあたりの問題は、パイロットの慣れとも関係しているので、最近、出動回数が急増している長野県警などは〝山岳プロ〟並みとの評価を聞く。しかし、長野ほどの山岳県ではないところはそうもいかず、遭難地点が飛行に厳しい場合には、状況によっては民間の山岳プロの出番ということになろう。

「ただヘリなら乗る」

ここで指摘しておきたいのは、民間ヘリの救助出動は有料で、官公ヘリは原則無料——が実情だということである。このことは逆にいうと、救出状況や遺体搬出の結果しだいでは、遭難者側の家族に不公平感をいだかせる懸念が十分にある。最近は〝遭難ずれ〟した鉄面皮の登山者がたまにいるらしく、捻挫した程度の軽いケガでも救助を求め、「官公ヘリなら乗せてもらう」とぬけぬけといった、などの話も聞く。

それは極端な例として、本当に火急の遭難救助なら費用は二の次だろうが、民間ヘリに頼むと大金がかかると思っている登山者は、意外に多い。先の篠原所長によると、民間ヘリの平均費用は、夏場が三、四十分のフライトで五、六十万円、冬場は一時間〜一・五時間で八、九十

長野県内の山岳における遭難者の年別・年齢別構成状況

（昭和29年～平成11年）長野県警察本部地域課調べ

年別	年齢	19歳以下	20～29歳	30～39歳	40～49歳	50～59歳	60～69歳	70～79歳	不明	合計
昭和29年	死亡	4	6	1					13	24
	負傷		3						9	12
	救出		2						4	6
	計	4	11	1	0	0	0	0	26	42
昭和35年	死亡	4	31	1		1		1	3	41
	負傷	7	38	1					7	53
	救出	10	17	1				1	27	56
	計	21	86	3	0	1	0	2	37	150
昭和40年	死亡	7	51	4	1		1			64
	負傷	11	47	5		2				65
	救出	4	14	1		1				20
	計	22	112	10	1	3	1	0	0	149
昭和45年	死亡	4	41		1					46
	負傷	8	65	2	3					78
	救出	6	16	1	2					25
	計	18	122	3	6	0	0	0	0	149
昭和50年	死亡	1	44	4	1		1			51
	負傷	12	56	4	1	3	1			77
	救出	9	15							24
	計	22	115	8	2	3	2	0	0	152
昭和55年	死亡	7	25	10	3	1				46
	負傷	3	40	9	3	2	2			59
	救出	1	7	3						11
	計	11	72	22	6	3	2	0	0	116
昭和60年	死亡	2	20	11	1	7				41
	負傷	2	20	15	3	2	1			43
	救出	1	9	4	4	2	4	2		26
	計	5	49	30	8	11	5	2	0	110
平成元年	死亡	1	10	7	8	5	1	1		33
	負傷	15	17	9	7	11	5	1		65
	救出	8	12	12	7	2	3			44
	計	24	39	28	22	18	9	2	0	142
平成5年	死亡		9	2	4	7	2			24
	負傷	2	17	17	9	11	5	3		64
	救出	2	3	4	6	1	1	3		20
	計	4	29	23	19	19	8	6	0	108
平成10年	死亡		4	7	5	6	7	6		35
	負傷	5	12	9	13	11	8	5		63
	救出	1	4	3	3	8	4			23
	計	6	20	19	21	25	19	11	0	121

［注］統計をとり出した昭和29年より，ほぼ5年単位で抜粋。

万円だという。「日当三、四万円の救助隊員を何人も雇うことを考えれば、状況にもよりますが、決して割高なお金ではないと思います」。

それにしても驚かされるのが、ここ十数年の遭難者年齢の変わりようである。山岳遭難が多発して社会問題にまでなった、昭和三十年初めごろから四十五、六年にかけて、遭難者は圧倒的に二十代の若者だった。遭難原因も、雪崩、登攀中の転落や滑落といった、先鋭的な登山にかかわるケースが目立った。不可抗力という言い方は妥当ではないが、初歩的なミスによるものは際立ってはいなかった。

それが、今は遭難年代のトップは五十代、次いで四十代、六十代という時代である。原因も、一般登山道でつまずいて転落したり、捻挫したりというのが七割を占める。急な病気、あるいは疲労というのも多い（前ページ表参照）。

長野県下の二〇〇〇年の夏山（七、八月）は、遭難件数七十五件、遭難者八十人と、ついに戦後最悪を記録した。うち八割が中高年の登山者であった。

4　ボランティア医療体制

医者と山小屋の利害が一致

北アルプスの主要な山小屋は、夏山の最盛期にはそれぞれ大学医学部と提携して臨時診療所を開設する。北のほうから紹介すると、次のような布陣である。

剣沢野営場管理所―金沢大学
三俣《みつまた》山荘―岡山大学
白馬山荘―昭和大学
燕山荘―順天堂大学
常念小屋―信州大学
槍岳山荘―慈恵会医科大学
涸沢ヒュッテ―東京大学
穂高岳山荘―岐阜大学
西穂山荘―東邦大学

昔から医者にはなぜか山好きが多いようである。白馬岳や燕岳には、現在のような設備を持つ施設ではなかったが、戦前の昭和十二、三年ころから昭和医大（当時）や東大の医師たちが、夏の間常駐していたことがある。大学と提携していない小屋でも、急病人が出た場合、「お医者さんはいませんか」と登山客たちに呼びかけると、大抵は一人や二人が名乗り出るという。

遭難や急病人が予測できない山では、「医者がいる」というだけで安心感を与える。山好きな医者と山小屋の要望が合致して、戦後、山に登山者が戻り始めた昭和二十五年（一九五〇）前後から、主要な小屋と大学医学部との提携が行なわれるようになった。とくに、中学、高校などの集団登山が一般化した三十年ごろからは、人気のある山の小屋は、医者の常駐が客を受け入れる上での一つの条件のようになった。

信大の遠隔医療の試み

医学部に山岳部や山岳同好会のようなクラブのある大学にとって、こうした山小屋は山のベースキャンプ代わりになるわけで、まことに好都合である。両者の蜜月状態は今も続いているが、この山の診療体制にも変化が兆している。信州大学医学部が平成十年から始めた遠隔医療診断の実験は、その好例といえよう。

衛星通信を利用して、山小屋に設置したパソコンを使って患者の容態を映像、音声でリアルタイムで送るシステムである。このシステムを使えば、医師は松本市にある信州大学附属病院にいながらにして、山小屋に担ぎ込まれるなどした患者に容態を問診したり、外傷などの患部をテレビ画面で診察した上で、適宜治療の指示をすることができる。端的にいえば、医師は山にいなくてもいいことになる。

このプロジェクトを進めている信州大学病院医療情報部の滝沢正臣副部長（平成十三年春、退官）によると、北アルプスの地元の大学医学部という責任とともに、実験の目的は大別して三つあるという。

①近年、医学は専門の分化が急速に進み、専門外の分野は手に負えないケースが多い。とりわけ山では、必ずしもボランティアの医師が専門とする患者ばかりとは限らない。むしろ専門外の患者に遭遇することが多い。遠隔医療システムがあると、松本にいる専門の医師に判断を求めることができる。

②一人の患者が病院を代えて受診しにくる、いわば二重診断がけっこう多い。この二重診断は、患者の費用が倍になるだけでなく、病院の負担、あるいは医療保険の失費にもつながる。同様の結果が出る検査結果を前の病院からこのシステムで送ってもらえれば、より合理的診断ができる。

③最近の若い医師は、山に登りたがらない傾向がある。常念小屋に夏季診療所を開いている信州大学の場合も同様で、現在、ＯＢ医師まで動員するなど、医師派遣の苦しいやり繰りをしなければならない状態に陥っている。遠隔医療で、この〝苦境〟は解決できる。

ネックは高い通信費

こうした目的を持って出発した遠隔診療のこれまでの実験結果は、カメラのズームで患者の瞳孔も見えるほどの精密さを発揮し、とくに予想外のトラブルは出ていないという。しかし、難点は経費だ。メインの機器に一千万円かかったのは別にしても、一般のISDN回線の六倍も容量の大きい三八四KB回線で通信するため、一分間のやり取りで約五百円かかってしまう。

平成十二年八月末、北穂山荘で心臓の異常を訴えた四十代後半の女性の場合、遠隔診療で内科の医師が二時間ほど診察、医療指導した結果、患者は落ち着きを取り戻し、なんとか下山できた。もし衛星回線を使っていたら、通話料だけで六万円という大変な額になってしまう。ちなみにこうした特別の山での緊急治療は健康保険がきかない。

そこで滝沢副部長らは、一般無線と地元CATV回線の活用を思いつき、通信経費の削減に乗り出した。知恵をしぼった結果、編み出されたのが別図のような無線とCATVの実験回線ルートだ（平成十二年現在）。北穂高の女性患者は、じつはこのルートの恩恵にあずかったのである。

この実験回線ルートでは、蝶ヶ岳ヒュッテが核になっている。北アルプス南部の前山、いわゆる常念山脈に位置する蝶ヶ岳は、安曇野《あずみの》への見通しがよい上、松本平からは前山にさえぎられて見えない、槍ヶ岳や穂高連峰とも向き合っている。わずかに涸沢だけは、前穂高岳の北尾根の陰になっていてダイレクトには通じないが、いったん北穂高岳を経由すれば通信可能となる。

山からの電波は、まず蝶ヶ岳と対峙する「あづみ野テレビ」へ送られ、その隣の波田《はた》町に展開している「テレビ松本」の協力を得て同局経由で、ようやく信大に結ばれるのである。

当然のことながら、この遠隔診療を行なうには、山小屋側でもパソコンやカメラのズームなど操作することが必要になる。槍岳山荘の三代目の小屋主、穂苅康治《こうじ》さんなどは、かつて商社勤務のとき、通信衛星JC－SATのプロジェクトに加わっていた通信操作のプロだけに、自在にハイテク機器をあやつるが、これはむしろ例外というべきだろう。便利になるぶん、小屋側にある程度負担がかかるのも確かである。

目下、機器は実験中なので信大からの貸与の形だが、滝沢副部長は「無線機の本体だけなら三十万円ぐらいですむが、問題は電源をどうするかだ」と話す。山小屋に既設の大型発電機があれば問題はないが、新たに十ワットくらいの電源を求めるのに太陽電池を新設したり、あるいは無線のアンテナを立てるなど、山小屋はさまざまな対応を迫られる。そのうえ、百万円を超えそうなそれらの経費の負担のほかに環境面の配慮もしなければならない。

山岳医療体制の曲がり角

まだ実験段階なので、診療件数はそう多くはない。槍岳山荘の場合には、これまでの関係か

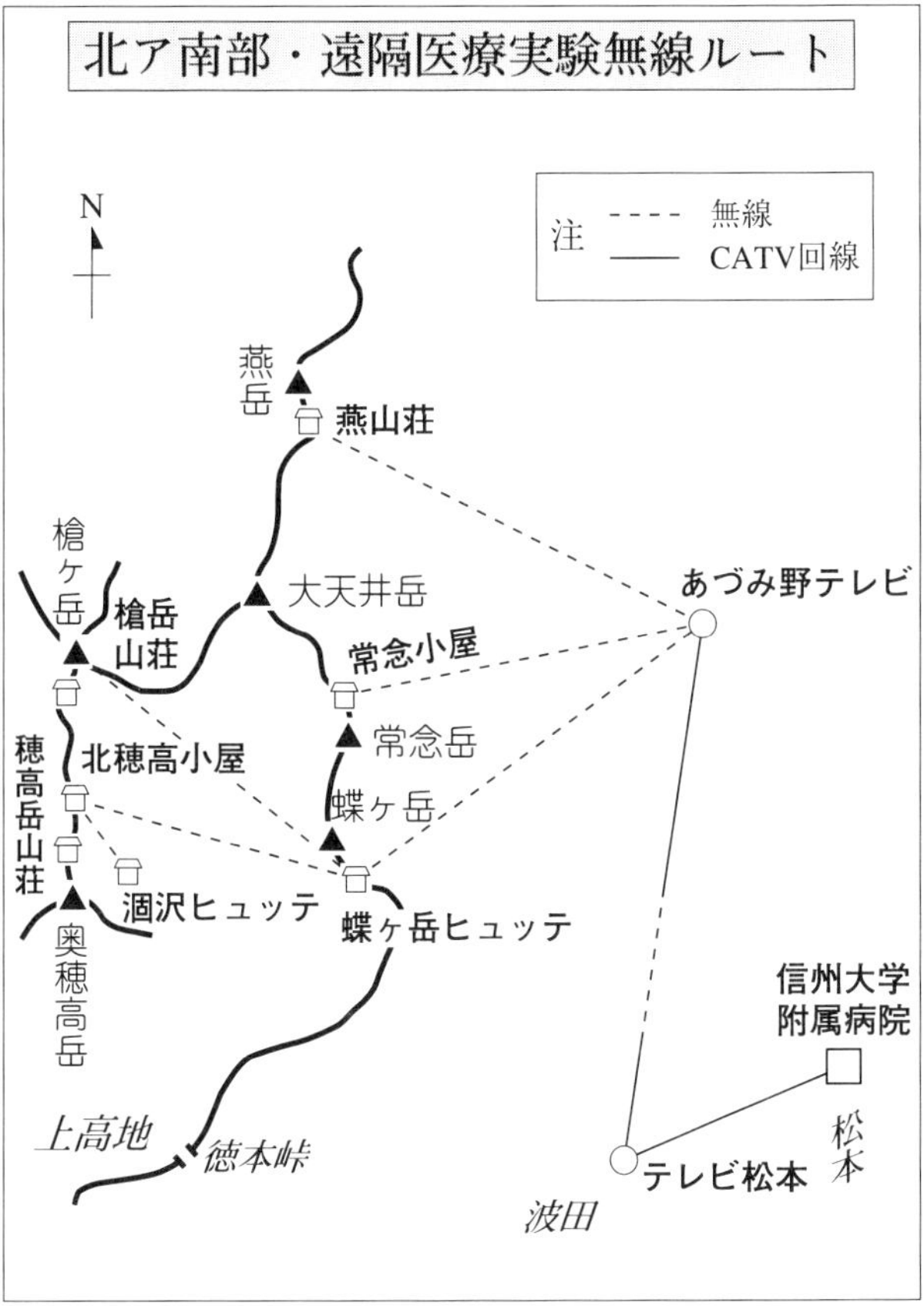
北ア南部・遠隔医療実験無線ルート
注
無線
CATV回線
N
燕岳
燕山荘
槍ヶ岳
槍岳山荘
大天井岳
常念小屋
常念岳
あづみ野テレビ
北穂高小屋
穂高岳山荘
蝶ヶ岳
涸沢ヒュッテ
蝶ヶ岳ヒュッテ
奥穂高岳
信州大学附属病院
松本
上高地
徳本峠
テレビ松本
波田

ら慈恵医大との衛星回線もあり、信大へ依頼したのは五件ほどで、高山病、心臓の異常、虫さされなどであった。

信大の調査では、山での治療は、これまでは疲労三、ケガ三、発熱や高山病など内科関係三、その他一という割合だった。ところが、中高年登山の増加とともに、転んだ、滑落した、といった外傷をともなう遭難に加えて、疲労、心臓の異常などの内科的処方を必要とするものが目立ってきているという。

一般的傾向としては、槍、穂連峰では外傷による外科的治療を要する遭難が多発するのに対し、中高年登山者が急増している燕—常念—蝶ヶ岳などでは、内科的治療の患者が多い。こうした岩場の少ない山には、雪がくる前の紅葉の季節、十月ごろまで六、七十代の登山者が列をなす時代の反映なのだろう。

5　電気・通信事情の様変わり

姿を消す夏山電話

平成十三年（二〇〇一）の小屋開きとともに、北アルプスの槍ヶ岳、白馬岳、あるいは御嶽など、長野県下二十七カ所の山小屋に配備されていた「夏山公衆電話」が次々と姿を消した。一世を風靡した夏山電話を知る者にとっては、いささか淋しい気がする。

ＮＴＴ東日本長野支店によると、配備機種（ＭＣ３Ｐ、５Ｐ）の製造がすでに打ち切られてから時間がたち、保守部品がなくなったのが、撤去の最大の理由だという。機種自体も、製造から三十年以上が経過して、老朽化が進み、サービスの安定提供が難しくなっていることもある。しかし、その背景には、アナログからデジタルへと技術基盤を急速に移行している時代の趨勢がある。

どんな形態のものだったか分からないが、戦前、御嶽と白馬岳に夏山電話が設置されていたという記録がある。それも第二次大戦の進行とともに廃止された。しかし、なんといっても夏山電話は、大衆登山の興隆のバロメーターであり、戦後の登山史の一こまを飾ってきたといってもいいだろう。

昭和二十六年（一九五一）七月、白馬山頂に松本電報局が臨時出張所を開設し、山頂と麓の北城郵便局の間は超短波で、北城局と松本電報局の間は有線電話で結ぶ――という形で、電報の送受と電話通話を取り扱い始めた。

昭和二十八年には御嶽にも、この夏山電話が復活した。おそらく戦前の御嶽の電話も、この〝白馬方式〟と似たようなものだったのだろう。

しかし、一般のイメージにある夏山電話は、昭和三十年七月、槍岳山荘に開設された「山の臨時電報電話局」が北アルプスでは初めて、というものではないか。それ以前に富士山などでは同様のものが開設されていたと思われるが、いずれにしても槍ヶ岳の夏山電話を皮切りに、翌三十一年には燕岳、三十二年には中央アルプスの木曾駒ヶ岳と順次広まる。昭和四十四年に至ると、通年設置が七カ所、夏山のみ設置が十九カ所と、ほぼその後三十年に及ぶ体制の原型ができあがった。

懐かしい電話機の前の行列

電話機自体は、昭和六十年代に入り、カード式の公衆電話に切り替えられることになったが、設置場所の近くに高いアンテナを張った、アナログ無線方式は依然として続いていた。

それまでの十円玉を入れる電話機の時代は、山から東京などへ遠距離通話をすると、五、六秒で一枚といった感じで十円玉が落ちていった。私の体験でも、夏の間、取材で滞在していた涸沢ヒュッテの受付には、両替え用の十円玉が何千枚と用意されていた。電話機の前には次から次へと登山者たちが列をつくり、いま登ってきたばかりの山の感想や景色を、やや興奮気味に受話器ごしに伝えていた。懐かしい思い出である。

いかに電話といっても、場所は山である。通話時間には制限があった。通話の生命線である電源の確保が、発電機の稼働時間に制約されていたからだ。

とにかく発電機を回す石油がまだ貴重品だった時代で、発電機を止める夜間は、当然のことだが電話もお休み。昼間でも、電波の状態しだいでは、急に雑音がザーザー入って聞き取りにくくなることも、しばしばだった。

白馬山荘の壮大な太陽パネル

通信にとどまらず、水を揚げるにしても、照明、食品貯蔵、最近ではし尿処理に至るまで、山小屋、とくに営業小屋の維持、経営は、煎じ詰めるところ、いかにエネルギー源としての電力を確保するかにかかっているといっても過言ではない。山小屋が使う自家発電機の性能も、この二十年で大幅にアップした。

今では小規模な営業小屋でさえ、小型でも性能のいい自家発を備えている。大きな小屋は三十〜四十五キロワット・クラスの大型自家発で発電しているが、それでも石油を使うことに変わりはない。

そうした中、最近では新しい試みとして、太陽光、風力を発電に利用しようとする小屋も現れてきた。

最大収容人員千五百人という日本一の規模を誇る白馬山荘（松沢貞一社長）は、平成二年、総出力が七十キロワットになるソーラー発電装置を備えつけた。標高二九二三メートルの白馬岳山頂の直下に、東西百メートル以上にわたり翼を広げたように建つ山荘の屋根の南斜面に、合計千三百六十八枚の太陽電池パネル（一枚百二十センチ×三十センチ）を並べた総面積約七百平方メートルの外観は、威容である。発電は直流で、ひとまず二十四キロワットのバッテリーに蓄え、それを交流に変換して使っている。

季節により、また年によって天候の変動が大きいので、補助的に石油の自家発電機も置いてあるが、平成十二年はほとんど太陽電池だけでまかなえたという。

建設費二億七千万円という巨費は、山荘を経営する白馬館《はくばかん》だけでは、とても採算のとれる投資ではない。通産省（当時）がソーラー発電の実験施設として建設費の四分の三を補助金で出すことで、ようやく工事にこぎ着けた。いわば産官協力の賜物だが、小屋の規模が大きく、従業員の協力が得やすい白馬山荘が、一つの実験ケースとして最適だろうと選ばれたのである。

しかし、ソーラー発電と同時に建設した風力発電一キロワットのほうの実験は、予想を超えて風が強く、二枚羽のプロペラが簡単に破損して失敗に終わった。風力の装置は小規模だったので、山荘にとってのダメージは少なくてすんだという。

白馬山荘での成功を受けて、その後、各地の山小屋で、太陽光、風力を利用しようとする動きが加速した。それればかりでなく、槍沢ロッヂのようにミニ水力発電を始めるところまで現れた。それぞれの地形的な条件を逆に生かして、自然エネルギー開発の多様化傾向を示唆していて面白い。山小屋がこうした創意工夫を試す格好の場であることを、それは証明したといえるのではないか。

一方、環境問題としてクローズアップされてきたし尿処理の熱源として、電力にさらに注目が集まってきている側面もある。

いくつかのし尿処理方法が提案されている中で、微生物を使って分解処理するＳＡＴ方式にせよ、合併処理浄化槽方式（雑排水と一緒にし尿を浄化槽に溜め、空気・酸素を送り込んでバクテリアによって水と二酸化炭素に分解する）にせよ、寒冷地で微生物、バクテリアを活性化させるには一定の温度が必要だ。その熱源は、やはり電気に頼らざるを得ないのである。

南アルプスの仙丈ヶ岳（三〇三三㍍）の山頂直下に、地元の長野県長谷村が平成十二年に改築した避難小屋は、し尿処理のために十六基の風力発電と百九十六枚のソーラー発池で合計十五キロワットの発電ができる設備を整えた。これで一日最大百二十人分の処理ができる、と見込んでいる。

大衆登山の舞台では、水と並んで、私たちの見えないところで、電気の確保がますます重要性を帯びてきているのである。

携帯電話でSOS！

夏山電話に話をもどそう。

撤去された夏山電話に代わって各小屋に登場しているのは、もちろんカード式衛星携帯電話である。NTTドコモなどの一般携帯電話網の普及で、地域によっては衛星を利用する携帯電話でなくても通話可能な山域も増えつつある。

谷筋や山の陰でも通話できる衛星携帯電話は、山の世界では確かに便利である。しかし、一般携帯電話と比べると使用料金はかなり割高で、「カードがすぐゼロになってしまう」という声をよく耳にする。加えて衛星を利用する機器は、まとめ買いをしても一台三、四十万円で、ただでさえ経営の厳しい中、導入を躊躇する山小屋経営者も少なくない。そんなことから「一般携帯の中継施設を、山岳地帯にもっと増やしてほしい」という注文が出ている。

とはいえ、一般携帯の普及は山小屋関係者に、これまではとても考えられなかったような雑用をもたらしていることも確かだ。「途中で動けなくなった。迎えにきてくれ」といった類の〝依頼〟である。

秘湯ブームで一躍脚光を浴びている白馬鑓《やり》温泉小屋には、こんな信じられないような通話が何件もあったという。同温泉は高所ランク五位の展望温泉として知られ、それだけに登ってくるにはそれなりの脚力が要る。しかし、救援を求める電話があった以上、万一のことを考え、放っておくわけにもいかない。甘えた登山者の行動が少しずつ表面化しているのだ。

インターネットが山を変える？

もう一つの大きな変化はインターネットであろう。山の状況の問い合わせはもとより、宿泊予約をインターネットで入れてくる登山者が、確実に増えてきている。大半の営業小屋や、各県観光課、県警察などは、そうした需要に応えるためにホームページで山岳情報を流している。これはどのホームページにもいえることだろうが、情報の中身は、そのページによってかなり濃淡があるのは否めない。山小屋の経営者がインターネットに取り組む姿勢に大きく左右される一面があることは知っておいた方がいいだろう。

別表は、インターネットのプロバイダー業務も行なっている松本商工会議所の情報システム部がまとめた、提携している山小屋や観光地へのアクセスの移り変わりを示したものである。二〇〇〇年を迎えて、パソコンやｉモードの爆発的ともいえる普及で、前年に比べても倍増していることが一目で分かる。山小屋関係者もパソコン操作はもとより、充実したホームページづくりの必要性を強く感じている。

ちなみに信濃毎日新聞では、デジタルカメラの普及とともに、平成十年ごろから長野県下の山小屋からの、季節ごとの写真や記事情報の送信が随時行なわれ、送信者のネーム入りで紙面

	涸沢ヒュッテ		美ヶ原高原		松本市観光ガイド	
年月	ヒット数	ユーザー数	ヒット数	ユーザー数	ヒット数	ユーザー数
1998/09	805	772				
1998/10	513	497				
1998/11	316	302				
1998/12	220	217				
1999/01	298	286				
1999/02	221	214				
1999/03	339	325				
1999/04	569	556				
1999/05	637	603				
1999/06	668	648	580	482		
1999/07	861	825	9,200	7,928		
1999/08	1,054	1,008	13,890	11,286		
1999/09	1,557	1,477	9,333	7,490		
1999/10	983	944	4,229	3,624		
1999/11	524	510	8,703	7,250		
1999/12	434	414	9,611	8,201		
2000/01	649	455	10,642	8,970		
2000/02	532	505	9,850	8,526	1,425	1,191
2000/03	522	469	8,645	7,337	1,374	1,176
2000/04	902	809	10,506	8,403	2,151	1,785
2000/05	1,232	1,112	11,762	9,345	2,260	1,870
2000/06	1,114	1,057	12,329	9,425	2,174	1,843
2000/07	1,547	1,409	16,177	1,409	3,246	2,781
2000/08	2,073	1,904	16,873	11,776	4,263	3,635
合　計	18,570	17,318	152,330	111,452	16,893	14,281

北アのおもな山小屋へのインターネット検索状況(平成10年〜12年)

松本商工会議所　情報システム部調べ

	槍岳山荘		槍沢ロッヂ		南岳小屋	
年月	ヒット数	ユーザー数	ヒット数	ユーザー数	ヒット数	ユーザー数
1998/09	5,457	4,934	748	692		
1998/10	4,605	4,181	687	657		
1998/11	2,646	2,407	390	375		
1998/12	1,738	1,553	269	264		
1999/01	1,697	1,526	315	294		
1999/02	1,387	1,270	293	278		
1999/03	1,635	1,495	358	343		
1999/04	1,645	1,498	510	491		
1999/05	3,678	3,291	795	752		
1999/06	4,555	4,261	991	932	718	666
1999/07	6,899	6,161	1,443	1,371	1,388	1,273
1999/08	7,022	6,332	1,259	1,209	1,365	1,270
1999/09	6,147	5,569	1,368	1,281	1,565	1,435
1999/10	7,446	6,843	1,226	1,124	1,405	1,265
1999/11	3,302	3,018	673	646	514	496
1999/12	2,601	2,231	532	503	394	374
2000/01	2,990	2,496	607	557	641	369
2000/02	2,598	2,187	649	580	436	389
2000/03	3,680	3,080	560	499	415	377
2000/04	4,166	3,455	931	853	574	531
2000/05	6,390	5,248	1,589	1,449	982	888
2000/06	8,686	6,940	2,367	2,305	1,731	1,527
2000/07	10,733	8,577	3,159	2,840	3,303	2,885
2000/08	11,259	9,016	3,507	3,169	4,253	3,689
合　計	112,962	97,569	25,226	23,464	19,684	17,434

を飾るようになった。

文明の利器、という言葉は古いかもしれないが、電力と通信の急速な進歩は、自然の象徴ともいえる山の世界を、この先、さらにドラスティックに変えていきそうな気配である。

6　水をめぐって

水の豊かな南アルプス

「人間は水によって生かされている」と自覚できる場として、登山にまさるものはあるまい。たとえ三、四時間のショートコースでも、人によってはそのことを痛感する場合もあるが、連泊で山から山へと縦走したり、あるいはロッククライミングを続けるともなると、どこで、どのように水を確保するか、が最大の問題となる。

　残雪期は別だが、水が切れたときの苦しさ、心細さは、山へ登ったことのある人なら、何度か経験しているはずだ。人間も所詮、生物界の一員に過ぎないのである。山では、水を得るため、あるいは登山者に提供するため、さまざまな苦労、工夫が積み重ねられてきた。

　南アルプスは水の豊かな山として知られる。稜線付近でも、北からいえば、早川《はやかわ》尾根は早川小屋脇に、仙丈ヶ岳はカール底に、北岳《きた》は肩ノ小屋に、それぞれ水場があり、さらに熊ノ平、雪投沢《ゆきなで》源頭、三伏《さんぷく》峠、荒川小屋、百間洞《ひゃくけんぼら》、聖《ひじり》平、光《てかり》小屋付近という具合に、ほぼ半日行程の間隔で水を補給できる。

雨量が多く、森林限界も二千五、六百メートルと高いので、湧水、流水が意外なほど豊かである。それぞれの山容がたおやかなことも、豊富な水がある理由であろう。水のあるところ、ほとんど山小屋があるといってもいいだろう。

流れ出た水に放心状態

それに引きかえ、北アルプスの稜線には水がない。白馬岳から北の雪倉岳、朝日岳《あさひ》あたりならば、降雪量が多いので、夏でもかなり遅い時期まで縦走路付近でも水を得られるところがあるが、むしろこれは例外で、総じて稜線はシャープに切れ落ちた岩稜で、森林限界も南アルプスより二百メートル前後低い。そのため雨水が保水されない上、その溜まり場がない。北アルプスの山小屋は、開設時から水をめぐる格闘の歴史を刻んできたのである。

稜線上の小屋はまず、天水を貯めようとした。近くの雪渓の融水を利用した。真夏になって雪渓が細ると、その下部の沢の源頭まで下りて行って、ブリキの一斗缶に水を汲み、運び上げたりした。従業員の中には、一人で一斗缶を三つ、約五十リットル、つまり五十キロを背負って上げたという猛者《もさ》もいたというが、水源からの標高差三、四百メートルを毎日、担ぎ上げるのは決して楽な仕事ではない。昭和三十年代までは、小屋によっては水を売っていた。それほどの貴重品だったのである。

今は小屋の経営を息子の健至さんに任せ、ライフワークの山岳写真撮影に専念している燕山荘の二代目、赤沼淳夫《あつお》さんは、そうした時代を振り返って、こう語る。

──昭和二十九年か、三十年だった。畑の消毒用に強力なポンプができて、山でも使えそうだというので、さっそく槍岳山荘の穂苅三寿雄さん、貞雄さん親子と一緒に松本郊外の山で実験をした。標高差百二、三十メートルの場所で試したところ、うまく揚水できたので、これなら山でも使えそうだと思い、燕山荘で約三百メートル下の高瀬《たかせ》川側の水源から汲み上げに使ってみることにした。

ところが、エンジンをかけて十五分ほど経っても、水はいっこうに上がって来ない。やはり高い山では無理なのかと諦めかけていたら、突然ホースがぷるぷるっと動いて、水が出て来た。あのときは何というか感無量で、二十分ぐらい放心状態のまま、ホースから流れ出る水を見つめていましたよ。──

北アルプスの山小屋最大の難題が、解消した瞬間である。

現在では北穂山荘など一部の小屋を除き、ほとんどの山小屋が水のポンプアップ装置を導入している。赤沼さんが成功したときは、動力のディーゼル・エンジンが重くて、三、四人がかりで水源に設置し、上部に手旗信号で合図を送って始動を知らせたという。それが、今では小型で電動の装置となり、小屋にいながらにしてスイッチを入れるだけで、水は上がってくる。水源と小屋の間には、給水パイプと電気配線の二本を通せば、設置完了である。大きな小屋には、四十五キロワット・クラスの発電機が備えられている。

燕山荘の貯水タンク

水源はだいたい稜線から三、四百メートル下の沢の源頭か、雪渓の末端である。大きな小屋の周りに四、五トンは貯水できるタンクが、十個前後並んでいる光景も珍しくない。雪渓の融水が涸れた後のことも考慮しての配備である。

避難小屋でも、沢から小屋まで揚水したり、しっかりした天水タンクを備えたところが増えた。パイプやホースなど、取水を容易にする建築技術の改良がもたらした恩恵といえよう。

近頃、小さなポリの水筒をザックの肩やベルトに着けただけで山を歩く登山者をよく目にするが、その程度の水筒ですむのも、山小屋で確実に水が得られる時代になったからである。

杁差岳で見た水場

北海道の幌尻岳（二〇五二㍍）の中腹に、その名も「命の水」という水場がある。富士山の金明水《きんめいすい》、銀明水《ぎんめいすい》のほかに、長命水などの名も各地にある。水に寄せる土地の人々の思い入れがうかがえる。ここでは、各地を登り歩いた中で、私が感銘した水場を二つ紹介したい。

飯豊連峰の北端にある杁差岳《えぶりさし》（一六三六㍍）。この珍しい山名の由来は、山麓から見たこの山の雪形《ゆきがた》（残雪の形とも、残雪以外の黒い部分の形ともいう）が農具の杁《えぶり》（柄振《えぶり》）を肩にした人の形に見えるから、といわれている。飯豊本峰の縦走路からはずれたところに位置しているせいか、ここを訪れる登山者は少ない。

私がこの〝不遇〟な山へ登ったのは、夏の東北の山旅から帰る途中のことで、新潟の胎内《たいない》川側から取りついたのは、昼過ぎであった。

その名の通り「足の松尾根」は狭い尾根で、その途中に水場があると教えられていたが、二時間、三時間と登り続けても、一向に水場は現れない。こんな痩せた尾根筋に水場などあるはずがないなと、半ばあきらめ気分になりかけた夕方の六時、何の変哲もないヤブ尾根の登山路のわきに、パイプから水が流れ落ちているではないか。

時間も遅かったので、水場から五、六十メートル登ったところに、一人用のテントをやっと張れる場所を見つけ、野営することにした。どうやらこのスペースも、地元の人がヤブを刈っておいてくれたらしい。

翌日、確かめてみると、水場のパイプは二、三百メートルほど上に延び、さらに百メートルぐらい先の別の沢から引いてあった。あまり登山者の多くないルートなのに、登山道の手入れもよかった。杁差岳の頂きをきわめたことはいうまでもないが、その間、前日の場所以外に、テントを張れるようなところはなかった。

山の中に置かれた救急箱

九州の熊本・宮崎の県境にある市房《いちふさ》山（一七二一㍍）は、五合目に市房神社を祀り、古くから球《く》磨《ま》（熊本県）、米良《めら》（宮崎県）地方の信仰の山として親しまれてきた山である。

神社に至るまでの参道の両側には、樹齢数百年の杉の巨木が続いている。信州の戸隠《とがくし》山（一九〇四㍍）の奥社へと続く参道の杉並木も見事だが、市房山の並木は戸隠ほど密植していないものの、その苔むした石畳の道ともマッチして、いかにも九州の山らしい豪壮な雰囲気を醸《かも》し出している。

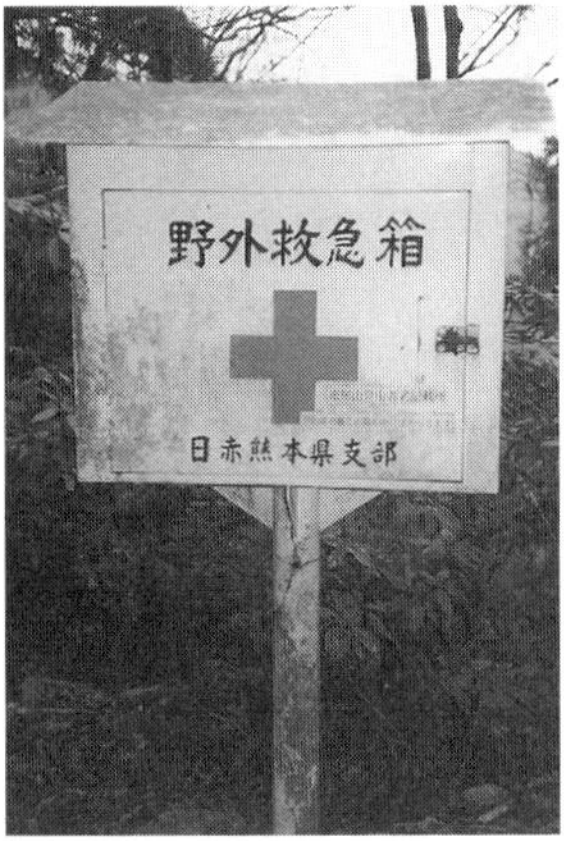

山の中の救急箱

神社のある五合目で参道は終わり、その後は一段と急な登りとなり、重畳と巨岩が連なっている地点に出ると六合目である。そこの巨岩の間に、中央を穿った大きな石の水受けがあり、ホースで引き込まれた水が、勢いよく流れていた。そばに竹筒の水飲みがいくつか置いてあったので、早速のどをうるおした。

その冷たくて美味いこともさることながら、なによりも登山者への気配りが感じられて心地よかった。じつは、その手前の五合目の上に、登山者名簿容れを兼ねて「野外救急箱」というのを見かけた。箱には日赤熊本県支部と記され、必要な医療品が用意されていた。どうぞご自由に、というわけだろうが、山で見るのは初めてだった。救急箱といい、気持ちのいい水場といい、市房山に寄せる地元の人たちの温かさが伝ってくるようだった。

谷川連峰の「大清水」がはしり

日本各地で「名水」の選定が盛んに行なわれ、その売り込みに躍起になっている。

何がきっかけだったのだろうか。私の記憶では、上越の谷川《たにがわ》連峰に新幹線工事でトンネルを掘っていたとき、たまたま湧き出した水を缶詰にし、「大清水」と称してJRのプラットホームなどの自動販売機などに並べたのが、そのはしりだったように思う。当時は「山の水」を売る、というのが珍しかった。

しかし、山のその場で味わう生の水と、里に下ろしたボトルの水とでは、やはりひと味違うと感じるのは、山好きのひいき目というものだろうか。山の水がうまいのは、汗を流し、カラカラになったのどで飲むからである。最近は、登山者自身のし尿による大腸菌の汚染、ゴルフ場などで撒布する農薬の流入で飲用不適な水も多いが、岩のすき間から湧き出たばかりの水は、とにかくうまい。

そうした山の水に、甲乙つけ難いのは承知の上だが、私の印象に残っている「山の水」を、北のほうから挙げてみたい。

北海道の山の水は、キタキツネが媒介するといわれる寄生虫のエキノコックスの卵が混じっている心配が指摘され、沢の生水をそのまま飲むのは要注意、煮沸して飲用することを薦められている。そんなわけで、私も警戒心が先に立ち、生水を口にすることが自然と少なくなっていた。

そんなとき、斜里岳《しゃり》(一五四五㍍)の下二股から沢コースを百メートルほど登った地点で岩盤から湧き出ている水がうまい、と斜里小屋の管理人が教えてくれた。飲んでみると、確かにうまい。季節に関係なく、水温は常時四、五度だという。地元では、まだ水場であるとの標識を立てていないが、近々明記する予定だと聞いた。

金明水、弘法清水、美顔水

東北の水の味は、全国的にみてもレベルが高いように思う。山にブナ林が多いせいだろう。よくこなれた柔らかさ感じる。秋田県の太平山《たいへい》(一一七〇㍍)へ登る中間点の御手洗《みたらし》の清水は、二万五千分の一の地図にも記載されているだけあって、名水の名に恥じない。

岩手・焼石岳(一五四八㍍)には、前にちょっと触れたが、富士山と同名の金明水、銀明水の二つの清水がある。私は銀明水のほうしか飲めなかったが、これは逸品だった。銀明水の近くには、なかなかいい避難小屋もあって、〝一宿一飲〟の価値はありそうだ。

山形県の大朝日岳《おおあさひ》(一八七〇㍍)には金玉水《きんぎょくすい》、銀玉水《ぎんぎょくすい》がある。金玉水のほうは、頂上にある大朝日小屋の下の雪渓下に湧き出していて、まあ味、場所とも普通の清水だが、大朝日岳から小朝日岳への稜線上にある銀玉水は、尾根筋だというのに流れるように湧き出ていて、夏場の暑い盛りだったせいか、とびきり美味かった。

福島・磐梯《ばんだい》山（一八一九㍍）の頂上直下にある弘法清水《こうぼうしみず》もいい。明治二十一年（一八八八）の大爆発では、この弘法清水から五百メートルも離れていない場所で山の半分が吹っ飛んだというのに、清水は今も滾々《こんこん》と湧き出ていて、その不思議さが漂う。

信州に飛ぶと、南アルプスと木曾に素晴らしいところがある。

あまり知られていない名水では、塩見《しおみ》岳（三〇四七㍍）を源流とする三峰《みぶ》川を、長谷村側から林道で十キロ余り登った地点にある、「長命水」と呼ばれる巫女《みこ》淵の水がその一つである。大きな岩壁から横百メートルほどにわたって、清水がまるで滝のように滲み出している。その景観も見事だが、水も一段といい。

木曾では、赤沢自然林の中に茶立てに最良という名水があるが、もっと面白いのは、そこから尾根一つ南の阿寺《あでら》渓谷の奥にある、その名も「美顔水」という清水。女性の登山者には、大いに受けるのではないかと思う。

夏の水場には注意

水には、忘れがたい苦い思いでもある。

北アルプスの雪倉岳（二六一一㍍）のピークの北側で、雪渓の下部に気持ちのいい草つきを見つけ、ちょうど水も湧き出ていたので、これ幸いとテントを張り、一夜をすごしたことがあった。別の機会に雪倉を訪れることがあり、その雪渓を当てにして行ったところ、早々と雪渓は消えていて一滴の水も得られず、このときは往生した。

北海道のオプタテシケ山（二〇一三㍍）へ行ったときも、山頂まで二時間半ほど手前の避難小屋に泊まったが、小屋の近くの草つきに、細々だが水が湧き出ていたので、水汲みのアルバイトが省けると安心していた。ところが翌日、頂上に立ってから、小屋へ戻ると、草つきの水はやっと滲み出ている状態。やむなく十勝《とかち》岳（二〇七七メートル）への縦走の途中で、ルートからはずれたところの雪渓まで腹立たしい回り道を余儀なくされ、水を補給した。

山形・宮城の県境にある船形《ふながた》山（一五〇〇㍍。山形側では御所《ごしょ》山と呼ぶ）でも、同じような失敗をした。登山地図には山形側の柳沢小屋からのルートの中間点、仙台カゴ付近に水場のマークがあったので、当てにして行ったところ、ぽとりぽとりと滴り落ちる程度なのである。ここを逃すと、先にはもう水場はないので、ぽとりぽとりの下に水筒を置いて待つこと二十分。なんとか満タンにして出発したものである。

夏場、とくにお盆過ぎには、ガイドブックや地図に水場のマークがあっても、行ってみたら涸れていた、ということが間々ある。多少重くなっても、背中の水は余裕を持って――というのが、苦い経験の末に身につけた私の流儀である。

第二章

百名山登山をめぐって

1　トンネルのアプローチ革命

コンビニと高速道路

昨今の百名山巡りや中高年の登山ブームは、コンビニと高速道路の普及が〝生みの親〟である、といっても過言ではない気がする。

もちろん、仕事を持つ登山愛好家、中でも会社勤めの登山者にとって、週休二日制時代の到来も追い風にはなっただろう。私自身、会社の常勤だったころは、夏と冬の休みの各四、五日間、そして春と秋の連休に加えて、業務に支障が出ない限りは、最低月一回ぐらいの週末を全国各地への山行にあてた。それでも、交通の便の悪い遠隔地の山々ともなると、十年ほど前までは、この程度の休みではどうにも対処できない山が多かった。

ところが、全国的な高速道路網の整備が、こうした登山事情を激変させた。一夜にして六〜七百キロの移動も可能になった結果、東京を夜行バスでたてば、翌日には岩手や秋田、あるいは四国の山の頂きまでも登れるようになった。登山用具をザックに準備さえしておけば、金曜日の仕事明けと同時に、気が向いたときに山へと出かけられるようになったのである。

目的地のインターを下りれば、そこにはコンビニエンスストアがある。しかも年中無休、何時でも開いている。昔、登山をしたことのある人なら経験があるだろうが、食べ物が腐敗しやすい夏場の食料計画の苦労は、それは大変なものだった。しかし、山では水に次いで重要なその食料が、極端にいえば山に取りつく場所所で手に入れられるのだ。おむすびにパン、パック詰めの弁当やうどんなど、何でも売っている。テントや小屋の連泊で、ちょっとバリエーションが欲しいというぜいたくを望むなら、刺身や豆腐のパック詰めを山で食べることもできる。

着替えのアンダーウェアや軍手をうっかり忘れて、空身《からみ》に近い状態で家を飛び出しても、山行に必要なものは最低限そろえられる。今では事情は違ってきているかもしれないが、私の体験でコンビニが見つからなくて困ったことがあったのは、鳥取、島根の山陰地方の田舎だけだった。便利なような、少しこわいような登山環境になってきた。泉下の深田久弥先生がこの様子をご覧になったら、どんな顔をされるだろう。

『日本百名山』の著者、深田先生には、その生前に何かとご教示をいただいた。雑誌「山と高原」に『日本百名山』を執筆中、東京世田谷・松原のご自宅の庭に建てられた、わずか十五平方メートルほどの書斎「九山山房」に入室を許されたこともあるが、先生にご感想を聞いてみたいような気がする。

百名山という〝数値目標〟だけが独り歩きをして、深田先生が百名山を選定されるまでの困難は忘れ去られているように思えてならない。当然のことながら、百の山を選ぶには、それ以外の山にも数多く登っていなければならないわけで、『日本百名山』の筆を執られるまでには四十年に及ぶ山歴を積んでおられた。

その中には、北海道のトムラウシ山（二一四一㍍）を登るのに、北大の山岳部員の協力を得て三日を要してようやく山頂をきわめたが、今は日帰りも可能である。上越国境の平《ひら》ヶ岳（二一四〇㍍）へも、まだ満足な道もない時代で、奥只見《ただみ》湖を舟で渡るなどして、五日がかりの登頂であった。

登山がいくらスポーツ化したとはいえ、早登り記録と称して、北から南までの百名山をわずか七十数日で駆け登りをして見せる登山者まで現れる時代である。

まさに今昔の感がある。それにしても、これほどまで日本列島の早駆けを可能にしたものは何か。交通の発達、中でも高速道路網の整備による。その高速道の基幹をなすものは、長大なトンネルである。人が歩く往還としての道路は、基本的には悪路にならぬように険阻な山を迂回し、急峻な谷川を避けて造られた。しかし、高速道はそうした従来の道路の概念を打ち破った。長大トンネルの貫通が、それである。

別表をご覧いただきたい。日本道路公団に平成十二年（二〇〇〇）現在で作成してもらった都道府県別の高速道トンネルの延長距離である。日本全土のトンネル総延長はすでに千キロ達しようとしている。山々をうがつトンネルだから、長野県がトップになりそうだが、意外にも一位は新潟県、二位広島県、三位が長野県と続く。新潟県の一位は田中角栄元首相のおかげ、

高速道路の都道府県別トンネル延長（上位20）

順位	県名	トンネル延長（km）	トンネル本数	総延長（km）
1	新潟県	92.7	78	383
2	広島県	91.1	88	303
3	長野県	77.5	61	310
4	山口県	70.2	72	229
5	岡山県	66.4	78	290
6	兵庫県	53.6	78	276
7	熊本県	41.3	49	135
8	岐阜県	39.4	44	180
9	福島県	31.7	23	305
10	愛媛県	30.3	39	121
11	岩手県	30.2	29	255
12	北海道	29.1	34	450
13	福井県	28.5	30	88
14	群馬県	25.6	24	143
15	茨城県	25.0	30	154
16	高知県	21.7	25	52
17	福岡県	17.2	18	164
18	静岡県	15.8	21	186
19	秋田県	15.7	16	131
20	山形県	14.9	26	89
⋮	⋮	⋮	⋮	⋮
合計		989.5	1,155	6,615

［注］①上下線で分離しているトンネルは，各々本数及び延長を計上　②県別集計において，1つのトンネルでも2県にまたがっている場合は各々本数を計上　③トンネル総本数：1,155　　（日本道路公団平成12年12月調べ）

と早合点する向きもあるかもしれないが、広島県の二位は意外な感じがする。

山陽新幹線は別名モグラ新幹線といわれるほどトンネルが続く。とくに尾道《おのみち》あたりからは、まるで高速地下鉄に乗っているような気がするほど、地底を疾走していく。これを見てもわかるように、広島県は高い山こそないが、海岸線まで山並みが迫っているのだ。そこを山陽、中国の二本の高速道が横断しているのだから、トンネル王国になるのも不思議ではない。

トンネルで登山日程が短縮

トンネルの恩恵は、現代の登山者にとって見過ごせないものになっているといえよう。

志賀直哉の『暗夜行路』で知られる伯耆《ほうき》・大山《だいせん》（一七三一㍍）への米子《よなご》道、中央アルプスを恵那《えな》山（二一九一㍍）近くで貫通する中央道、北アルプスの焼《やけ》岳（二四五五㍍）の側を横切る安房《あぼう》トンネル、谷川《たにがわ》岳（一九七七㍍）の下で新潟と関東を結ぶ関越トンネル、あるいは上信越道の碓氷《うすい》―軽井沢あたりも加えていい。これらのトンネルの開通がなければ、登山日程は現在より確実に一日は増やさなければなるまい。

一般の国道、県道についても、高速道とほぼ同じ傾向がうかがえる。信州の人たちに「国内で一番トンネルが多い県はどこか」と問うと、「それは信州に決まっている」という顔をする。しかし、例えば新潟県がトンネル数二百二十五本で総延長八十八・八キロなのに対し、長野県は二百七十九本とトンネルの数は確かに多いが、距離は五十九・八キロ（平成十年、両県土木部調べ）と短い。「新潟の道はいい」といわれる側面の一つなのかもしれない。
ともあれ、秋田─岩手から広島─島根まで、本州の脊梁《せきりょう》を形成している山脈を貫いてトンネルが開通し、それらの出入口の周辺が登山口となっている山が数多くある。四国の笹《ささ》ヶ峰（一八六〇㍍）と伊予富士《いよふじ》（一七五六㍍）への登山口となっている寒風《かんぷう》山トンネルなどは、その典型であろう。

専門家によると、掘削技術の向上で、幅十メートル、高さ六～七メートル級の幹線レベルの二車線トンネルの建設費は、地質によって大きく左右されるものの、平均一メートル当たり二、三百万円ほどだという。換気設備や完成後のトンネル保全の関係もあって、単純に長ければ長いほど単価が安く上がる、というわけではないらしいが、地価の高い土地を買収して道路を建設するより、効率的なトンネル適地のほうが、時代と技術の推移の中で見直されてきていることは確かである。自然保護の問題は別に述べるとして、トンネルの延長によって、山はますます登りやすくなりそうだ。

余談だが、日本でトンネルの総延長距離が最も長いのは、じつは東京のようである。何しろ、地下鉄の営団八路線、都営四路線だけで二百二十キロ（平成十一年）ある。さらに、あまり知られていないが、東京電力の送電線トンネルが、小さい断面のものまで含めると、一千キロ余にも達しているそうだ。東京の地下は、トンネルの〝クモの巣〟といっていい。

2 深田百名山の光と影

深田百名山の独り歩き

月刊「文藝春秋」が、平成十二年（二〇〇〇）七月号で「新・日本百名山を選ぶ」と題する近藤信行氏ら三氏の座談会を掲載した。いわゆる「深田百名山」が、深田久弥先生の生前の意図から離れて独り歩きを始め、思いもかけない社会現象になっていることに、かねてからいくつかの危惧や問題を感じていたので、興味深く読んだ。

三氏も指摘されているように、深田百名山は時代の推移とともに、先生が最も意をつかわれた品格、歴史、個性といった、山そのものに関わる大事なものが変質してきたことは、否定できない。百名山に選ばれたが故に、やってくる登山者目あてに観光道路の開発、受け入れ施設の乱造などによって、目をおおいたくなるほど山が荒れて俗化するという矛盾も出てきた。

百名山に入った山と選定にもれた山岳との間で、登山道の手入れや登山口の整備など、行政対応の格差も見逃せない。「不遇な山」という言葉を先生はしばしば使われていたが、「百名山ブランド」以外の山々は、とくに地元の観光経済面で文字通り不遇な山になってしまった。

しかも、現代の山岳巡礼たちは、一部にただピークを踏むだけの登り方をしている向きがある。中には百名山の早登りをする〝猛者〟まで現れる始末だ。私自身、百名山を一通り登っているし、日本山岳会選定の三百名山も、北海道の一部などを除き約二百九十座には足跡を印しているので、大層なことはいえないが、今の深田百名山をめぐる風潮は、いかがなものかと考えざるを得ない。

ただ私の場合は、四十六、七年間の山歴の結果なのであって、そのときどきに登りたい山に登ってきたに過ぎない。数えたわけではないが、ピークを踏んだことのある山なら、一年に平均三十日前後は入山してきたから、右に記した数の三倍以上はあると思う。百名山という〝数値目標〟をまず目指した結果ではない。しかし、それぞれの山岳を比較できる程度の経験は積んできたとは思っている。

「もっと格下の山が入っている」

「新・日本百名山を選ぶ」の座談会が雑誌に掲載されてほどないころ、北アルプスの山小屋経営者らが主催する「北アルプスの集《つど》い」が、松本市内で千人近い聴衆を集めて開かれた。席上、燕山荘《えんざんそう》の二代目、赤沼淳夫さんが座談会について触れ、こういった。

「なぜ燕《つばくろ》岳が選に入っていないのか、深田先生は、雨かガスの日に登っていらっしゃったのではないかと、長い間、不思議に思っていた。やっと今回差し替え候補に挙げてもらったが、どう考えても、日本百名山には燕岳より格下の山がたくさんある」

参会者から大きな拍手がわき起こったのが印象的だった。

燕岳には熱心な固定ファンが多い。とくに山岳写真マニアにとっては、風化した花崗岩のつくり出すさまざまな造形、天然の美術館ともいいたくなるような岩峰をフレームの中にとらえて、北アルプスの代表的な一風景を撮るのに格好の場となっている。学校の集団登山でも、最も人気のある山の一つである。

先にも述べたように、深田先生は百座を選ぶにあたって、個人的感情を抑えて、山の品格、歴史、個性の三つを基準とされた。『日本百名山』の後記で燕岳も加えたかったと記しているが、先生が燕岳に足を運ばれたころは、今のような山岳写真ブームも、集団登山の隆盛も見られなかった。『日本百名山』が世に出た昭和三十九年（一九六四）以後、登山者や山岳愛好家の山をとらえる視点も大きく変わってきたともいえよう。

美ヶ原がたどってきた運命

一方で、松本平を間に燕岳と向かい合う美ヶ原《うつくし》（最高点・王ヶ頭《おうとう》、二〇三四㍍）は、選に入った後、頂上近くの台地にまで有料道路ビーナスラインや財産区の林道が乗り入れるようになった。財産区とは、市町村の一地区（集落）で財産（山林や営造物など）を有し、管理、処分についての権能を持つ特別地方公共団体の一つである。

ビーナスラインは自然保護論争の結果、台地の入口までにとどめ、台地の中央部は避けることになったが、放牧用やテレビ塔建設に使われた道は台地を横断し、一般車の通行は禁止になっているものの、山荘などの特定車は砂ぼこりを上げて台上を往来している。

美ヶ原ほどではないが、霧《きり》ヶ峰、草津白根《しらね》山、八幡平《はちまんたい》、大台《おおだい》ヶ原《はら》山、伊吹《いぶき》山など、車道が山頂近くまで延びた山は、軒並み往時の自然と風情が失われている。ロープウェーが架けられた蔵《ざ》王《おう》、筑波《つくば》山なども、同じ運命をたどった。

テレビ塔の林立する美ヶ原

「なぜ、この山が百名山に？・」。赤沼さんならずとも、実際に山に登り、こうした〃惨状〃を目の当たりにして疑問をいだいた人は少なくないはずだ。

それにも関わらず、いやな言葉だが「百名山巡礼」と化した登山者は、その名に固執して、一度は美ヶ原や伊吹山などに足を踏み入れる。観光業者によるそうしたツアー登山がセットされ、それらの客が多いことを理由に、行政機関は道路の整備、ビジターセンターの開設などを図ってきた。

こうした行政のあり方は、百名山にもれた山々の地元から「不公平だ」という不満の声を招くこととなる。いかんともしがたい悪循環、深田百名山が独り歩きしたという所以である。

美ヶ原を通るビーナスラインは、平成十四年に観光有料道路としての料金徴収期限が切れ、無料化されるが、それにともなって増加するであろう観光客の誘致をめぐって、早くも松本側は、美ヶ原へ通じている財産区所有だった有料林道を平成十二年に無料にした。できれば美ヶ原頂上台地に一般車通行も認めさせ、中央道や上信越道からやってくる首都圏、名古屋などの観光客が、ビーナスラインを通った後、上田・佐久側、あるいは諏訪《すわ》側へ一方的に流れるのを阻止しようとする意図からである。

美ヶ原は残念ながら、ますます百名山に馴染まない山になりつつある。

見向きもされなかった山も……

百名山登山のうねりは、しばしば遭難や交通トラブル、自然損傷などの〝負の遺産〟となったが、時として寒村に思わぬ経済効果をもたらしてもいる。

百名山クラスの山は、仮に深田先生が選定されなかったとしても、現在の中高年登山の隆盛という時代趨勢からして、その大半の山は登山者の訪れが絶えないものとは思う。しかし、次に挙げるような山々の運命は、果たしてどうだったであろうか。

巻機《まきはた》山、皇海《すかい》山、雨飾《あまかざり》山、高妻《たかづま》山、黒岳《くろ》（水晶岳《すいしょう》）、瑞牆《みずがき》山、光岳《てかり》、荒島岳《あらしま》……。

いずれも登ってみれば良い山だが、「全国区」とはいいがたいローカルな山々である。深田先生の名文による、目に浮かぶような描写と、なによりも百座の中に選ばれなかったら、ツアー登山族などは見向きもしなかったのではないか。

百名山がブームになるまでは、戸隠《とがくし》山へ登る人は大勢いたが、その近くにそびえる高妻山（二三五三㍍）まで足を延ばそうとする人は少なかった。北アルプス・裏銀座コースを縦走する登山者は、コースから三、四十分はずれている黒岳（二九七八㍍）へ寄るのをためらったものだ。ましてや、三〇〇〇メートル級の高峰が目白押しの南アルプスで、その南のはずれにひっそりとたたずむ光岳（二五九一㍍）などは、「光」の命名のいわれを紹介されなければ、その存在にすら気づかなかったのではないか。

茅ヶ岳山麓のひっそりとした深田記念公園

百名山ブームでとくに人気の高まった感のある、新潟・長野県境に位置する雨飾山（一九六三㍍）について、深田先生はこう記されている。

「街道のすぐ左手に立ち並んだ後立山《うしろたてやま》連峰の威圧的な壮観に眼を奪われる旅行者には殆んど気付かれぬ、つつましやかな、むしろ可愛らしいと言いたいような山であった」

その雨飾山には、今や長野側からだけで年間一万人が登っている（小谷村役場調べ）。十年前の三倍だという。

庚申《こうしん》山から険路の鋸《のこぎり》岳を通らず、近道の林道から登れば、さほど特色のない里山のような皇海山（二一四四㍍）も、山頂一帯の荒廃が気になる荒島岳（一五二四㍍）も、百名山の中に入っている、という理由からだけで、全国から訪れる登山者が急増した。

こうした登山者には、あまり財布を気にしない中高年が目立つ。無理をせず、登る前に山麓の宿で一泊というグループ、あるいは下山後に温泉で一風呂浴びようというパーティーも少なくない。それが地元を潤すことにつながっていることは、いうまでもないだろう。それぞれの山の地元が「深田神社」を創建したり、先生の命日に感謝の気持ちをこめてお祭をしても、なんの不思議もない。もっとも、そういう話は寡聞にして未だ聞いてない。

わずかに、深田先生が登山中に急逝された茅《かや》ヶ岳（一七〇四㍍）の登山口に、ささやかな深田記念公園と碑がつくられたのみである。

3　地域百名山

二百名山と三百名山

夏山登山の最盛期にはほとんど人影を見かけないのに、ゴールデンウィーク前後だと、かなりの登山者がやってくる山がある。

北陸三県から岐阜にかけて点在する毛勝《けかち》山（二四一四㍍）、笈《おいずる》ヶ岳（一八四一㍍）、猿《さる》ヶ馬場《ばば》山（一八七五㍍）、野伏《のぶせ》ヶ岳（一六七四㍍）である。さらに信越国境の佐武流《さぶる》山（二一九二㍍）、立入禁止地域となっているが、尾瀬《おぜ》の景鶴《けいづる》山（二〇〇四㍍）も加わる。

毛勝山や笈ヶ岳は、深田久弥先生も百名山に入れるかどうか最後まで迷われたほどの山だから、山好きが注目するのも納得できる。しかし、高さが二〇〇〇メートルにも満たないヤブ山の残りの四山は、もし日本山岳会が選んだ「日本三百名山」に入っていなかったら、果たして現況ほどの登山者が訪れてくるだろうか。

佐武流山には平成十二年、夏道ができたようだが、それまで六つの山に共通していたのは、踏みならされた登山道、いわゆる夏道がないことである。もちろん夏でも登れないことはないが、かなりのヤブこぎを強いられ、恐らく頂上に立ったとしても、春季ほどの眺望も感動も得られないだろう。ところが残雪期、とりわけ雪がしまる三月末から五月上旬にかけて訪れれば、雪がヤブを押さえつけ、沢やルンゼ（岩溝）を埋めつくして登りやすいルートを提供してくれる。アイゼンとピッケルの世界とはいえ、それなりの訓練と山慣れをすれば、登頂できない山ではない。

この六山は、百名山を〝卒業〟したり、食い足りないと思っている登山者にはうってつけのフィールドだといえよう。深田先生の『日本百名山』に刺激を受けた同好の士が集まってつくられた「深田クラブ」は、深田百名山にさらに百座加えた『日本２００名山』という本を出したが、目標をこの二百名山、あるいは日本山岳会選の三百名山へとステップアップした登山者が、これらの山へ登る人の大半ではなかろうか。

日本山岳会の三百名山はどう選ばれたか

山のプロを自任する方から、百名山登山はナンセンスだ、という声をよく聞く。今さら登攀そのものに価値があるわけではないし、他人の決めたものを無自覚に受け入れて山に登るなどというのは、単なるブランド指向登山だといわれれば、その通りだと思う。

ただ、私の見るところ、そうした巡礼登山は自己満足の世界とはいえ、当事者にとってはそれなりに新しい発見もあり、山行を積み重ねることで、自分の生き方に自信を持つ人も少なくないのではないだろうか。登攀技術や山岳史上の価値が問われる登山とは別の次元のアマチュア登山が流行しているのだと考えれば、腹が立つこともあるまい。ましてや、山は一部のエリートだけに許された聖域などではない。

百名山登山に難をつける向きは、日本山岳会による三百名山の選定にも批判の矛先を向けている。確かにこの三百座の中には、頂上直下まで立派な道路が通じていたり、ケーブルカーやリフトを使えば、易々とその頂きに立ててしまう山が、かなりの数まじっている。

その一方で、北アルプスや北海道には、山の高さ、姿、品格、いずれも三百の中に入る条件を十分に満たしていると思われるのに、選外となっている山が多数ある。私なりに例を挙げれば、北アルプスでは蝶《ちょう》ヶ岳（二六六四㍍）や大滝《おおたき》山（二六一五㍍）、南アルプスの蝙蝠《こうもり》岳（二八六五㍍）や大沢《おおさわ》岳（二八一九㍍）、東北の虎毛《とらげ》山（一四三三㍍）などである。

そもそもこの三百名山は、昭和五十一年、日本山岳会が発行する「山日記」の編集委員五氏によって企画され、選定された三百座が〝原案〟となっている。その後、この〝原案〟が妥当なものかどうか、山岳会員百人に差し替えを含めた意見を求め、百氏のうち五十人が一部変更提案をして、それらの意見を基に改めて四十五座の差し替えを行ない、昭和五十三年版の「山日記」に掲載されるという経過をたどった。

当時の編集委員の代表、皆川完一氏は「こうした試みは、机の上の遊びであって、知的遊戯以外の何ものでもない。だから、観光地の営利政策的な人気投票とも、全く無縁のものである」と、会報「山」（一九七七年四月二十日）で書いておられる。意見を求められた方の中に、各地域ごとの原案の山を自分への「配分枠」と早合点し、その前提に立って差し替えを提案したケースが多かったことも問題点だったと、皆川氏は認めている。

その後、深田百名山ブームに乗って、この山岳会お墨付きの三百名山も独り歩きし始めたのである。選定された後、スキー場や林道の開発がかなり行なわれて〝俗な山〟になったところもある。山岳会の関係者からすると、そうした当初の意図とその後の経過を明らかに知らないと思われる意外な反応に、戸惑う結果となったといわざるを得ない。

時代に先駆けて「信州百山」

深田百名山が世の中に与えた、ゆるやかだが奥深いインパクトは、はかり知れないものがある。日本山岳会三百名山はその一例に過ぎない。深田クラブの「二百名山」をはじめ、各地でその地域の百名山を選定する動きが、はっきりと見られるようになった。

実はかくいう私自身、長野県の百名山選びに係わったことがある。昭和四十三年から四十五年にかけ、信濃毎日新聞紙上で一週間に一回「信州百山」の特集を連載したのである。私もその何編かを書き、出版に際してはその編集を手がけた。いうまでもなく、『日本百名山』に刺激を受けてのことだった。

連載を始める際、「そういう企画が読者に受け入れられるかどうか。とりあえず五十回を目安にしてはどうか」という異論のある中での、手探りのスタートだったことを覚えている。今にして思えば、「地域百名山」の中では、「信州百山」は断トツに早かった。

　現在、山を抱えている都道府県でこのたぐいの「百名山もの」が出版されていないところはない、といっていいだろう。いずれも各県の山岳連盟、山岳協会、山岳写真家集団が中心になってまとめたものがほとんどである。中には山梨県のように、県が率先して選定に乗り出し、それぞれの山頂に「山梨百名山」の選定山名標識を立てたところもある。

　地域百名山が続々と出版されたおかげで、それまで知らなかった各地のいい山を教えられ、そこを訪れる新たな喜びも得られた。残雪期に登られる六山の中で、笈ヶ岳、毛勝山は別だが、白山《はくさん》連峰の雄大な支脈をバックにして、山腹に雪解けの湖沼をいだいた野伏ヶ岳の絶景に出会えたのも、実はそうした地域百名山の紹介があったからである。

4　ツアー登山の隆盛

利尻山での出来事

やや腰が曲がり、一見して年配と分かる女性登山者が数人の人と一緒に下山してきて、私のテントの横を通りかかったのは、とうに午後六時を回っていた。テントの近くにへたり込むようにに腰をおろし、いかにも憔悴しきった表情である。北海道・利尻《りしり》山（一七二一㍍）の三合目にある野営場でのことだ。時間も遅いし、少し気になったので、おばあさんに話しかけてみた。

——何時にここを出たのですか。

「朝五時半です。皆さんに迷惑をかけちゃって、今度は懲りた。標高が一七〇〇なので大したことはないと思って、応募したんだがの……」

聞けば、遠く和歌山から、ツアー登山でこの北の利尻山へ来たのだという。四、五年前に娘さんに簡単な雪山へ案内され、それまでの長い人生で初めて見る素晴らしい景色に感動し、以来、初心者でも気軽に、自分に適した山も選んで参加できるツアー登山の常連になった。

「ツアーの案内が送られてくるのが楽しみでなあ。ツアーならガイドもついているし」

ところが、今回の利尻山はどうやら今までと勝手が違ったようだ。登山口の標高が二〇〇メートルそこそこの上に、九合目から上部は、長く急なザレ場になっていて、その登下降は、山慣れた人でも場合によっては手こずる。おばあさんにとっては、もちろん初めての経験だった。

同行者の中に優しい人たちがいて、彼らにサポートされながらの無事下山となったが、天候がよかったからいいものの、もし急激な悪天に見舞われたり、パーティーに置き去りにされていたら、と考えると、空恐ろしい気がする。ツアー登山の問題点を垣間見た思いだった。

ツアー登山利用者は年間五十万人以上

この十年ほどの間に、旅行社などが企画する山岳ツアーが急増した。その下地には、ヨーロッパ・アルプスやヒマラヤなどの山麓を歩く、いわゆるトレッキング・ツアーがあった。

ホテル・エベレスト・ビューは世界で最も高いところにある、ちゃんとしたホテルだが、その経営者の宮原巍《たかし》さんは、そうしたトレッキング・ツアーの草分けの一人だ。私の知人でもある。トレッキングとはいえ、一定の期間、かなりの高所を歩くわけだから、山についてそれなりの経験と自信のある人たちが応募する世界だ。宮原さんによると、ネパールを訪れるトレッカーは、最近は年間四万五千人にのぼるが、そのうち日本人トレッカーは一万人と、欧米人に比べて多いとはいえず、また滞在する期間も短いそうである。

しかし、国内の山岳ツアーは、中高年の百名山ブームに乗って、爆発的ともいえる増え方をみせた。旅行社の大手、K社は年に七、八万人を扱い、多い日には二、三十パーティーを東京などの首都圏から送り出すという。

国内の山岳ツアーに関しては正確な統計資料がないので、推測の域を出ないが、大小の旅行社、新聞社などによる企画を総合すれば、延べ五十万人を超える人たちが利用している、と考えられる。だが平成十年ごろからは、登山人口が減少もしない代わりに増加もしない、いわゆる高原状態に入ったにも関わらず、新たに参入する旅行社や既存大手の低料金攻勢で、営業面では「かなり苦しくなってきた」という業者の声を聞く。

ツアーに応募するのは、七〜八割が五十歳代以上で、登山経験も浅く、日ごろのトレーニングを欠かさない人は少ないという。そういう人たちが、ツアー当日になって、一面識もないまま、にわか仕立ての一つのパーティーに編成されるのだから、天候の急変などによって悲惨な結果を招く恐れは十分ある。平成十一年、二人の犠牲者を出した北海道・後方羊蹄山《しりべし》（一八九八㍍）の遭難は、そうしたツアー登山の問題点を露呈した事故だった。

業者側の対策マニュアル

いうまでもなく業者側も、採算の範囲内ではあるが、それなりに対策は心がけている。

例えばH社は、ツアー参加者に事前に健康診断証や家族の承諾書を提出してもらっているし、M社は応募用紙に登山歴を記入してもらって参加者のレベルをチェックしている。K社の場合は、霧ヶ峰の車山《くるま》—八島《やしま》湿原コースは四、五十人だが、剣《つるぎ》岳ツアーは十五人前後というふうに、目的の山の難易度によって応募人員をしぼるなどの方策をとっている。

ツアーのアテンダント（付添い）に、できるだけその山の山小屋や地元関係者に〝顔がきく〟ガイドを委嘱するのも、山岳ツアーを主催する業者に共通する傾向だ。そのためコースによっては、山小屋のアルバイトにバイトをさせることとさえあるという。白馬地方には、そうしたガイドの派遣会社もできている。

ガイド料は、そのガイドの力量やキャリアでかなりの差がある。小屋のアルバイトに頼む場合は一日一万円ほどらしいが、平均的には宿泊費などは別にして、遭難救助に出動する隊員の日当に当たる三万円程度が相場のようである。

地元に〝顔がきく〟ガイドにこだわるのは、トラブルが発生したとき、迅速かつ円滑な対応を期待してのことである。救助隊や警察は、必ずしもツアー登山を歓迎していない。表面化していない些細なトラブルはかなり発生しているようだが、そんなとき地元側との顔のつながりが役に立つというわけである。

四、五月に捻挫、骨折事故が多発

ガイドに支払う金や宿泊費、交通費などを合算して頭割りしたものがツアー参加費となるわけだが、代表的な山岳ツアーの値段を記すと、以下のようになる。

◇白馬《しろうま》三山から鑓《やり》温泉縦走　三泊四日　現地集合解散　定員二十五人　五万九千円
◇五色《ご しき》ヶ原から薬師《やくし》岳縦走　四泊五日　現地集合解散　定員二十五人　七万六千円
◇利尻山　二泊三日　羽田空港発着　十万五千円
◇大朝日《おおあさひ》岳　二泊三日　東京駅発着・新幹線　六万一千八百円　（いずれもH社、平成十二年）

この料金設定をどう思うかは、山のキャリアやその人の立場によってさまざまだろう。私が各地の山々で出会った山岳ツアーの参加者たちは、総じて満足感を示しているように見受けられた。

同様の山行を個人で計画しても、恐らく似たような費用になるだろうし、一人では出かける自信がないが、安全を保障してくれそうなガイド付きなのがいい。山や高山植物などについて説明もしてくれる――といったところが、彼らに共通した感想だった。

その一方で、参加者の年齢制限を設けるべきだ、という若い層の声も耳にした。山歴、技術、体力などが異なる人たちが一つのパーティーを組むわけだから、どうしても足弱な年配者のペースに合わせ、結果として行程時間が引っぱられることになり、若い人たちに行動の消化不良感が生じるのは否めない。プランの日程を見ると、安全に万全を期しているのが顕著で、山登りのベテランからすると、〝かったるい〟くらい余裕を持たせている。

「十年近く参加してきて、百名山登頂の夢をつないでいる方に、あなたは七十歳になったから参加をご遠慮ください、とはいいにくい」と、K社のツアー登山企画のチーフが胸の内を語ってくれた。目下、歩く時間、コースの難易、登る季節などを勘案して、もう少し合理的なプランの基準ができないか、模索しているところだという。

このK社は事故防止策として、寝不足が事故の原因になりがちなので、夜行出発は原則として計画していないそうである。

さらにツアー企画をして十年の経験から、春の四、五月のツアー参加者に捻挫、骨折などの事故が多発する傾向があることに着目して、今、その予防策を検討中だともいう。冬の間はツアー企画が少なく、応募する側もシーズンに備えてトレーニングを行なっている人は少ないのが、捻挫、骨折事故多発の遠因と見ている。そこで、冬でも初心者が安全に参加できるコースはないかと考え、平成十三年正月に、試験的に北アルプス・徳沢《とくさわ》までのツアーを計画した。

こうした試みが当を得たものかどうかはともかく、営業ベースの過当競争の中で、現実としては初心者の中高年が次々とツアー登山に取り込まれている。ここ数年の傾向だが、中高年をターゲットとした、頂上を目指さず、紅葉や雪渓見物を売りにした「中腹ツアー」も登場してきた。「山菜とりツアー」も見かけるようになった。

山のいわゆる〝オーソリティ〟が考えている登山の姿と、現実の山の実態は、年を追うごとにそのギャップを拡げている。それだけに、登山者を受け入れる側も、若者が中心だった時代とは違う受け入れ態勢を整えられるように、頭の柔軟性が求められていることだけは確かであろう。

第三章　登山者層について

1　なぜ高齢化か

日本山岳会の平均年齢は五十九歳

伝統を誇る日本山岳会の会員は、平成十二年（二〇〇〇）現在で約六千人を数えるが、そのうち、十代、二十代の会員はわずかに六十九人、全体の一パーセント強に過ぎない。平均年齢は五十九歳、前年は五十八・一歳だった。そういう私自身、平均をかなり超える会員である。

ほかの山岳団体も、この傾向に変わりはない。会員数一万五千人の新ハイキングクラブも、平均年齢は六十歳弱だという。昔の会員がそのまま加齢し、新たに入ってくる会員も五十歳前後が多いから、年々進む会員の高齢化に歯止めはかからない。海外遠征の実績を数多く持つ長野県山岳協会も、加盟会員の平均年齢は、三十年前は二十代だったのが、十五年前には三十代となり、今は四十代後半になっていると見られる。

どうやら、どの山岳会も一年に一歳近いペースで、会員の高齢化が進行しているようだ。互いに顔見知りの個々の会員にとっては、会全体の高齢化はあまり気にならないものだが、組織という観点でみると、若者が少なくなると相対的に組織は弱体化する。

日本山岳会は、高齢化をストップさせる対策を進めるにあたって、平成十二年、会員にアンケートで「若年会員の会費を安くする」「小・中・高校生を対象とする登山指導を行なう」などの是非を、それぞれの会員に問うている。その集計結果は平成十三年四月号の会報「山」で一部が公表されたが、今、高齢化は、すべての山岳会が頭を悩ませている深刻な問題なのである。

登山者と山小屋の認識のずれ

なぜ、ここまで山の世界は急速に中高年一色になってしまったのだろうか。

日本の人口構成自体が高齢化しているとか、若者が相対的に減っている一方で、平均寿命が延びて元気な年配者が増えているから高齢化が目立つのだとか、言い方は簡単だが、人口動態の変化がそのベースにある、という漠然とした分析しかできない。

もう少し実証的なデータとして、調査時点が平成二年十月とやや古いが、大町市にある長野県山岳総合センターが、北、中央、南アルプスと八ヶ《やつ》岳の主な営業小屋三十五軒と、登山者二百人を対象に行なったアンケート調査がある。調査のそもそもの動機が、中高年登山者急増の実態把握にあったことはいうまでもない。

調査結果を要約すると、①山小屋経営者の認識として、中高年登山者が増え始めたのは一九八五年（昭和六十）以降、②最近（一～六年前）あるいは若いときに、登山経験はあるが中断し、改めて始めた人の両者が七〇パーセント、③年間の山行回数は六回以上という人が五〇パーセントを超え、二十一回以上は一〇パーセントもいる、となっている。調査時点から十年を経過したが、この調査から窺える傾向は、基本的に変わっていない。

長野県山岳協会の前会長の百瀬《ももせ》尚幸さんは、各地で登山の講習会を行なってきたが、その実情を踏まえて、中高年の登山者は、五十八、九歳からの定年退職組が七〇パーセント、カムバック組が二〇パーセント、ずっと継続してきた組は数パーセントに過ぎない、と分析している。長野県山岳総合センターの調査から中高年が登山を始めた動機を見ると、「山や自然が好き」が圧倒的に多く、回答者の三分の二に達している。次いで「健康によい」「ストレス解消になる」という理由が続く。山小屋経営者には「時間に余裕があるからだろう」という見方が支配的で、登る側の回答と際立った対照を見せている。

私なりの観察を述べると、何回かの登山で自信をつけたリタイア組が、この十年ほどの間に急速に高まった（あるいは彼らが結果的に高めた）百名山ブームに乗って、百名山巡礼現象を引き起こしているように思える。百の山へ登るという目的意識は分かりやすいし、それを理由にすれば周囲の理解も得やすい。

最近では、「百名山」とされた山で年配の夫婦連れに出会う機会が多くなった。百名山がかつてに比べて格段に登りやすくなったことが、その背景にあることはいうまでもない。

中高年登山者のはい上がり体験

もう一つ指摘しておきたいのは、中高年登山者が無意識のうちに共通して持ち合わせているものとして、克己心、はい上がり体験があるのではないかということである。

携帯していくレトルト食品や山小屋の食事は、よくなったといっても、下界のそれとは比較にならない。登りやすくなったが、汗をかいて登ることに変わりはない。季節や天候次第で、寒さや濡れる不快感との闘いもある。山は、決して安易な気持ちでしのげる世界ではない。そういう世界が、中高年の心性にぴたりとはまるのだろう、と思う。

若い人たちが山へ近づかない理由として、レジャーの多様化とか、パソコン世代だからだとか、さまざまな解釈がなされている。しかし、総じて「苦しい」「汚い」「危険」という山の世界の、いわゆる3Kを克服しようとする心構えが、中高年に比べて希薄のように思うのは私だけであろうか。

ここに紹介するのは、北アルプス山麓のある中学校の二年生が、学校の集団登山で爺《じい》ヶ岳（二六七〇㍍）に登った感想を綴った文集の一部である。

〈……夕食のカレーは最悪だった。しかも、ルーのかたまりはあるし、ゼリーはまずいし、もう大変だった。しかし、次の日の朝食、これはカレーよりひどかった。全ての物が冷たくて人の食べ物と思えない。しかも、一番まずいオムレツを二つもたべさせられたし、だがこの朝食も昼めしほどじゃなかった。○○山荘でもらった弁当ほどまずいものはなかった……〉（男）

〈登山から帰ってきて思ったことは、「やっと戻ってこれた」と「つかれた」、この二つ。登山に行く前日まで、落ちたらどうしようかと思って、すごーく不安だった。けど、がけなどに落ちもせず、登りきれてよかった。でも、もう登山は行きたくない〉(女)

〈ご来光はただの日の出だった。ただ、寒いだけであった。朝食のお茶は、もう二度と味わいたくない味だった。……私はこの登山で気づいたことがある。私は登山が嫌いなのだということだ。しかし、高校へ行けば一年に一回、登山しなければならない。ああ、どうしよう……〉(女)

これは平成四年の文集だが、これに目を通して、若い人たちの気持ちの一端に触れたように思う。七、八割の生徒は「機会があれば、もう一度登りたい」と書いているが、その一方で、食事、トイレの臭い、睡眠時間については、共通して不満を持ったことが窺える。

小、中、高校生の山ばなれ

ところが、同校の平成十一年の文集を読むと、九割以上の生徒が「登山してよかった」という感想を書いている。とくに御来光の感動、雪渓の体験、カレーの味がよかった、などという印象が目立っている。

〈あまり期待していなかった登山がついにきた。……山荘についた時は感動した。後ろを見たら別世界のような景色が見えた。……予想していたとおりのカレーでした。でも山荘のカレー

は普通のカレーとちがっておいしかったです〉(男)
〈……何より疲れを忘れさせてくれたのは、山荘から見える、とてもすばらしい景色と達成感、そして友達の笑顔だった。……とにかく山の雄大さを体いっぱい感じさせられる登山だった。行くのが嫌だった登山も、今は行ってよかったなぁと思っている〉(男)

こうした子供たちの反応は、そのときの気象やコースにもよるだろう。また、山小屋の設備や食事などのサービスが年々、改善されてきているという要素もあるが、別の指摘をする人もいる。引率した先生方の資質も、かなり子供たちの感想を左右するというのである。つまり、先生自身が野山で遊んだ経験の少ない世代に移り、中には山の知識や楽しみ方をあまり知らない先生もいる、というのだ。

確かに、先生の誤った解説や指導不足によって、生徒たちの登山に対する印象が決定され、その後に尾を引くことは十分予測される。

学校登山の動向を調べている長野県山岳総合センターの伊藤誠所長は「一応、どの学校も登山を取り入れているが、対象の山を管理しやすい、易しい山に移す傾向が出ている」と分析している。

長野県の学校登山は地元の山を優先させるものの、ひと昔前までは、北アルプスでは燕《つばくろ》岳、白馬《しろうま》岳、常念《じょうねん》岳などの一泊二日が主流だった。しかし最近は、標高二七〇〇メートルまで車道が通じ、日帰りできる乗鞍《のりくら》岳（三〇二六㍍）が登場してきた。また、長野市郊外の飯綱《いいづな》山（一九一七㍍）などに変えた学校もあるという。文集で紹介した学校は、登りやすい扇《おうぎ》沢コースの往復に変えた。

小、中学校のこうした〝山ばなれ〟の流れを受けて、部活動としての山岳部のない高校が急増している。長野県には最盛期、全高校のほぼ七割、約八十校に山岳部があったが、今やそれも三十校を割ったようだ。しかも、山岳部という看板を掲げていると敬遠されるので、ワンダーフォーゲル部はまだしも、アウトドア部、野外生活クラブなどの名称にしているという。

山から若者の姿が消え、結果として中高年ばかりが目立つ背景には、こうした実情が進行しているのである。山岳愛好者の予備軍を失いつつある登山人口は、どうやらピークを過ぎたのかもしれない。山小屋経営者たちの話では、平成十二年の客数は前年比五パーセント前後の減少だという。

かつては松本駅構内で、何百人という登山者が寝袋に入り、まるでサンマの箱詰めのように寝ながら、上高地や大糸線方面への始発を待つ光景をよく目にしたものだが、ふところの豊かな中高年が多くなって、夏山シーズンの風物詩の一つが消えかけている。

2　温泉登山

急激に増えた各地の温泉

山から下りてきて最初に浴びるひと風呂ほど気持ちのいいものは、他にないのではないか、と思っている。

若かった昭和三十年（一九五五）代には、北アルプスの帰りといえば、必ずといっていいほど松本駅前の銭湯を利用したものである。それがいつ頃からだろうか、松本まで来なくても、上高地《かみこうち》から十五キロほど下った途中の沢渡《さわんど》とか、常念岳周辺の山麓、あるいは大町、白馬一帯のどこででも、簡単に温泉浴場を見つけられるようになった。

北アルプスばかりではない。全国各地、どこの山へ出かけても、下山した後、かいた汗を流すのに苦労しなくなった。私のここ十年ほどの経験では、下山口から車で十五分、どんなに長くても三十分も走れば、風呂は見つかる。

故竹下登元首相が音頭をとった「ふるさと創生」の一億円の還付金は、温泉発掘に最も多く使われたのではないか、という指摘を聞いたことがある。実際にそうかどうかはともかく、火山の国、日本にはもともと温泉が多かったが、掘削技術の向上もあって、今では日本中、温泉だらけといっても過言ではあるまい。

知人の温泉掘削業者によると、温泉とは①湧出温度が摂氏二十五度以上、②二十五度未満の場合でも、バリウム、マンガン、鉄など約二十種類のイオン、酸などを一定量以上含む、③湧出する水蒸気、もしくは火山性のガス状で硫黄分等を含むもの——と、法律に定められている。③低温の「鉱泉」でも、②の成分含有量を満たせば、加熱して「温泉」の看板を掲げられるという。これまでは考えられなかった深々度のボーリングによって、②型温泉が急速に増え、平成八年（一九九六）現在、長野県内だけでも百九の温泉場を数えるまでになった。

白馬鑓温泉に増えた温泉登山組

そうはいっても、一般登山者にとって温泉は登山のついで、副目的でしかなかった。ところが、ここ数年、山の中にある高所の秘湯、あるいは山麓の名湯と登山をセットにした、いわば温泉登山が、じわじわと広まっている。

例えば、標高二一〇〇メートルの眺望抜群のところにある白馬鑓《しろうまやり》温泉である。昔から登山者に人気のある温泉だが、ここに入る人のほとんどは白馬岳、杓子《しゃくし》岳、鑓ヶ岳の白馬三山を縦走した後、その下山途中で立ち寄ったものである。今も大勢は変わらない。

だが、平成十年以来、鑓温泉に入るのを目的に、白馬大雪渓の登山口である猿倉《さるくら》から往復する温泉登山組が目立つようになった。猿倉からなら、三、四時間の登りである。それまで宿泊客の一〜二パーセントに過ぎなかった往復組は、一躍二五パーセント前後へと急増した。ただ、平成十二年にはなぜか前年の半分に減ってしまったが、それでもかつてより多く、新しい流れができたことは確かだといえる。

「中高年のビギナー登山者と思われる人が多いようです。白馬鑓からの下山路には難場があるので手に負えないが、下から登ることなら年配者にもわりに簡単にやって来られる。それで岩から直接流れ出ている秘湯につかれる、と教えられてくるのでしょうか」

夏山シーズン、にぎわう白馬鑓温泉

　白馬鑓温泉を経営する白馬《はくば》館《かん》の営業担当役員、西沢功さんの分析である。秘湯ブームが、車だけでは飽き足らず、足を使うエリアにまで拡大したといえそうだ。

　白馬鑓温泉と九州、九重《くじゅう》山（久住山）の中腹、坊《ぼう》ヶツルにある法華《ほっけ》院《いん》温泉（一三〇三㍍）は、高所にある山の温泉ということで姉妹提携を結んでいる。法華院のほうは登山口から二時間程度で登れる通年営業の温泉なので、もともと登山者も多かったが、やはり温泉登山組が増加しつつあるという。ただ最近、火山活動の影響からか、湯温が下がり、加熱しなければならなくなった悩みがある。

今や旅行社の登山ツアーにも、山の出湯を売りの前面に出した企画が目白押しである。「高《たか》峰《みね》温泉と黒斑《くろふ》・四阿《あずまや》山三日間」とか「須《す》川《がわ》高原温泉と栗駒《くりこま》山二日間」といったツアーに加えて、中には日本三千カ所の温泉入湯を果たした温泉ジャーナリストの同行をうたう企画まで現れた。こうした温泉登山ツアーの特色は、対象の山が往復三〜四時間程度の〝軽い〟山であることだ。明らかに中高年のビギナー登山者を想定していると考えられる。

高天原の極楽

名のある温泉場で車道が通じていないところは、昨今は恐らく皆無だろう。同じように山の中の高所にある温泉でも、車で行けるところが大半になった。日本の温泉の最高所は、立山《たてやま》のみくりヶ池温泉（二四三〇㍍）だが、立山黒部《くろべ》アルペンルートの室堂《むろどう》のバス停から歩いて三十分である。浅間《あさま》山の西の肩、車坂峠近くにある高峰温泉、八ヶ岳の渋《しぶ》ノ湯、唐沢《からさわ》鉱泉、御嶽《おんたけ》の岐阜側にある濁河《にごりご》温泉（一八〇〇㍍）などは、高所温泉といっても歩きをともなわない。

しかし、いまだに登山のフィールドにある温泉も、ないわけではない。白馬鑓温泉、法華院温泉のほかに、北アルプスでは、雲《くも》ノ平《たいら》の北側にある高天原《たかまがはら》（二一〇〇㍍）、剣《つるぎ》岳の東側の仙《せん》人《にん》湯（一四五〇㍍）、黒部川沿いに湧く阿曾原《あぞはら》温泉（七九〇㍍）、八ヶ岳では本沢《ほんざわ》温泉（二一五〇㍍）、赤岳《あかだけ》鉱泉（二二四〇㍍）、東北へ行って安達太良《あだたら》山の黒金《くろがね》温泉（一三五〇㍍）など、そこへ入るまでかなりのアルバイトを強いられる温泉もある。とくに高天原と仙人湯は、日帰りはとても無理、今も山慣れた登山者だけの専用温泉といえるだろう。

　これらの山深い温泉にも、じわりと中高年の登山者が増えている。福島県営のくろがね小屋の宿泊客は年に八、九千人で、十年前の三、四割増だという。高天原小屋に泊まる登山者もやや増えて、二千二、三百人が高天原の〝仙境〟に足を踏み入れている。同小屋を経営する五十嶋《いそじま》博さんによれば、「一泊希望の人が出てくるようになりました」という。

　しかし、剣沢から阿曾原への下山ルートにある仙人湯は、一年を通じて宿泊者は五百人あるかないかだそうだ。仙人池ルートを通る登山者のうち何人かが、その風情と展望にひかれて三百円也の入湯料を払い、ひと風呂浴びて下山していくが、「好きでやっているようなもの」という小屋の経営者の話には実感がこもっている。

　東北や北海道に知らない山の出湯はあるだろうが、私は北アルプスの高天原の温泉に思い入れがある。山の中の湯といっても、たいがいの温泉は、小屋に隣接して風呂があったり、屋根囲いしてあるが、高天原は小屋から五、六分、いやもっと歩かなければならない。

　赤牛岳《あかうし》と黒《くろ》缶（水晶《すいしょう》岳）のほぼ中間、温泉沢ノ頭に源を発する沢の傍らにその風呂はある。それはまさに野天風呂である。沢の瀬音に耳をすまし、ふと仰げば満天の星空。大自然の饗応で、持参の酒を酌もうが、おとがめはない。年を変え、コースを別にして、私は都合三たび、高天原に足を運んでいる。

3 徳沢の変遷

名門山岳部の凋落

北アルプス・上高地から八キロほど歩いたところにある徳沢《とくさわ》には、ひとしおの思いがある。私の北アルプスとのかかわりが、この徳沢のテント場から始まったからである。

母校の大学では、体育の単位修得に野球やボクシングなどとともに「山岳」があった。片や毎週一回はグラウンドの土にまみれたり、リングに立たなければならないのに対し、「山岳」は夏に一週間ほど山へ行けば、一年分の単位をもらえるというのである。子どもの頃から多少は山歩きの経験をしていたので、「これに限る」と「山岳」を選択することに決め込んだ。昭和二十九年（一九五四）の春のことである。

その夏、行なわれた山岳実習には、百人を超える学生が参加した。徳沢のテント場をベースキャンプに、何班かに分かれ、体育会の山岳部員をリーダーに分散登山をした。私が登ったのは、槍《やり》ヶ岳と焼《やけ》岳である。わずか一週間の山との出会いと見聞であったが、その記憶は、今も鮮やかによみがえってくる。

山小屋に泊まるのに、米を一日五合（約〇・七キロ）の割りで持参させられたこと、槍沢にある殺生《せっしょう》小屋の粉だらけのカレーの味、焼岳へは途中休憩なしで登らされたこと、総監督だった理工学部教授の関根吉郎氏の短パン姿……。ありありと目に浮かんでくる。

この山岳実習が十年ほど前に中止になった、と聞いた。何人かに尋ねてみて、いくつかの事情があることを知った。まず、実習をサポートする山岳部員の数が激減して、登山実習が続けられなくなったのだという。大学山岳部の衰退は耳にはしていたが、自分も参加したこともある山岳実習がなくなって、改めてその凋落ぶりに寂しい思いがした。

平成十二年（二〇〇〇）、創部八十周年を迎えた早稲田大学山岳部の部員数は、三年生一人、二年生三人、一年生一人の合計五人である。最上級の三年生部員は女性で、「名門山岳部に女性キャプテン誕生」と、新聞紙面などで取り上げられたが、その実情は右のごとくである。

山岳部の部員が減ったとはいっても、必ずしも学生たちが山そのものを嫌いになったわけではないらしい。学内には、「山小屋研究会」「山岳歩こう会」等々といった山のサークルがあって、それぞれ五、六十人の学生を集めているという。

「考え方が合わないというのかな。登山や自然には興味はあるけれど、好んで危険や困難に直面するのはできれば避けたい、という学生が多いみたいな感じ」

新入生の入部勧誘を経験した現役山岳部員の感想である。勧誘する当の部員の数が一桁というのだから、分散した広いキャンパスで勧誘の手が回るはずもない、とも嘆いた。一桁部員の時代は、もう十年続いていているそうだ。

山岳部OBの中には、「実習への協力といった奉仕活動を回避したがる風潮も、部員が増えない背景にはあるのではないか」と指摘する人もいる。井上靖氏の小説『氷壁』の舞台にもなった山宿「徳沢園」の四代目社長、上條敏昭《かみじようとしてる》さんも、実はそういうOBの一人である。

ハルニレの木は残った

現在の徳沢は、上條家との関わりを抜きにしては語れない。

江戸時代、松本藩の藩有林だった上高地や徳沢一帯には、百人をはるかに超える杣人《そまびと》が入り、藩の財政や家屋、屋根板、エネルギー源を支えるため大々的な伐採を行なっていた。時代が下って明治期から昭和期にかけて、徳沢が牧場として牛や馬のフィールドになっていたことは、古い山岳紀行などにも出ていて、かなり知られている。

土地を牧場用地として国から借り受けて、明治三十九年（一九〇六）、上高地牧場株式会社を発足させた筆頭発起人が、初代の上條百次良《ひやくじろう》氏だった。昭和に入り牧場が閉鎖されるのにともない、徳沢牧場の番小屋も放置するのはしのびないと、二代目、喜藤次《きとうじ》氏が、登山者のための休憩所として使用する許可を得、山小屋を始めた。それが「徳沢園」の始まりである。

戦後、本格的な山小屋に育て上げた三代目、進氏の時代に第一次の大衆登山ブームを迎える。奇《く》しくも四代目として敏昭さんが徳沢園を引き継いだ昭和の末期、時代は第三次の登山ブームに入りかけていた。

この半世紀にわたって徳沢は、快適なテント場の一つとして数多くの登山者に親しまれてきた。それは、梓《あずさ》川の谷ではまとまった平坦地が、上高地を除けば徳沢しかなかったからでもあるが、それ以上に、牧場にもなった広々した草地に、雨のときには牛や馬たちが雨やどりしたであろうハルニレの大木が点在する好立地と、そこから仰ぎ見る神々しいまでに鋭い前穂高《ほたか》岳のパノラマが、登山者の心を魅了してきたからだと思われる。

私もまた、北アルプスの初山行以来、徳沢のハルニレが瞼に焼きついた一人である。実際にそれが何本あるか数えたことはないが、恐らく三十本以上はあろう。

中でも徳沢園の玄関に近いところにそびえ立つ巨木の根元では、これまで何十回休んだことだろう。肩に食い込む重いザックに音を上げそうなときでも、「あのハルニレのところまで」というのが、自分自身との不文律の約束であった。夏山の強い陽射しの中を歩いてきて、そのハルニレの木陰の涼しさは言葉にしがたい。人にやすらぎを呼びさます樹である。

それにしても、徳沢のハルニレはなぜ生き延びてこられたのかと、ふとおもうことがある。ハルニレは高さ二十メートルにも成長する高木だが、ヒノキやクロベ、トウヒなどに比べると、建築用材として格下に見られていたためかも知れない。材は固く、家具や農機具に使われ、皮は縄の代用になるというが、一般的ではない。ともかく、昭和九年（一九三四）、徳沢を含めて上高地一帯が中部山岳国立公園に指定されてからは、関係者によって大事に育てられてきたことだけは確かである。

奥上高地とは？

夏の最盛期、テント場には、徳沢園の貸しテントが約百張り、登山者が各々持ち込んだ色とりどりのテントが百張りから百五十張りぐらい張りめぐらされるが、敏昭さんは「十年前の三分の二ほどに減った」という。中高年組が増え、テントより居心地がよく、手間もかからない小屋に泊まる傾向が強まったからと考えられる。テント組の中にも、「徳沢園にコインロッカーがないのは怠慢だ」と食ってかかる中高年も現れるご時世になった、と敏昭さんは嘆く。

とはいえ、上高地と徳沢の間には、明確にどうとはいえないが、雰囲気の違いが感じられる。上高地を訪れる観光客の大半は、大正池《たいしょう》を眺め、河童橋《かっぱ》から穂高の峰を仰ぎ、梓川の右岸、左岸を散策しながら明神《みょうじん》まで足をのばす。「上高地へ行ってきた」とは、この定番コースをたどることを指すといってもいいだろう。

しかし、明神からさらに徳沢まで入るには、片道一時間のほぼ平坦な行程だが、それなりの準備と、少し大げさにいえば覚悟が必要になる。つまり、明神を境に、その奥は登山者の領域、ゲレンデとなるといえよう。

もっとも、最近は、秋の紅葉シーズンに徳沢からさらに奥の横尾《よこお》、槍沢あたりまで入る、登山を目的としない紅葉狩りグループが目立つようになった。そうした動向をいち早くつかんで、

「奥上高地」という言い方をする向きも出てきた。確かに、地元の安曇《あずみ》村の行政区分では、徳沢、横尾、さらに上部の槍ヶ岳―穂高岳の稜線の山小屋までが「上高地区」に編入されているが、古い〝山屋〟の感覚からすると、いささか抵抗感がないわけではない。

平成十二年の一月、久しぶりに徳沢の冬季小屋の世話になった。この時期、年寄りの単独行者には、横尾―蝶《ちょう》ヶ岳―長塀《ながかべ》山―徳沢のコースは精一杯の山歩きであった。なんとか小屋に帰り着いたら、大半が四、五十代とおぼしき二十人前後の女性中心のパーティーと一緒になった。流行りのスノーシューやスキー、荷運びソリと、装備も会話も、その賑やかなこと。中《なか》ノ湯から往復で冬の徳沢を楽しみにきた、という。

徳沢の冬季小屋は、往時、先鋭登山家たちの拠点であった。自著『山靴の音』で知られ、新田次郎氏『栄光の岩壁』の主人公のモデルともいわれる芳野《よしの》満彦氏も、何シーズンかここで小屋番をしていた。悲しい冬山遭難の報せや救助要請は、まずそうした小屋番から、時にかかりの悪くなる電話でもたらされたものである。敏昭さんはいう。

「採算はとれないが、ここに誰かいないと連絡もとれないから、山のことは自分らで守るつもりで冬の間も小屋を開いてきた」

それが今は、真冬でも、日によっては小さな冬季小屋がこうして予約客で満員になる。冬は自炊が原則だが、焼肉やら天ぷらやら、女性中心のパーティーの食卓は、下界と変わらない。

翌日の帰路、先発していった一団に、途中で追いついた。見るとスキー操作もままならない人が何人かいる。上高地に着くと、冬の鎧《よろい》をまとった穂高岳や白銀の上高地を撮ろうというアマチュアカメラマンの姿もちらほら見かけた。

安房《あぼう》トンネルの開通によって、厳冬期でも中ノ湯まで車が入るようになった。途中、真っ暗で凍結した足元に苦労する急坂の釜トンネルを通るとはいえ、天候に恵まれれば中ノ湯から二時間も歩けば、上高地の荘厳な冬景色を見られるのである。平成十三年の三月には、一日に百人もの入山者を数えるようになり、旅館やホテルの冬季営業の噂も、真顔で交わされ始めた。上高地や徳沢には、着実に冬の新しい顔が生まれつつある。

それと同時に、冬を越したテント場で、「雪が消えると、その下から出てくるゴミや排泄物の処理で頭が痛い」という〝うらみ節〟を耳にするようになって久しい。

第四章　登山道について

1　登山道の不思議

急速に変化している登山道

登山道は不思議な存在である。縄文のその昔から踏まれていた道もあろうし、修験《しゅげん》や雨乞いの道、山仕事や山菜とりで使われた道もある。そうした道の中で、山頂に登る目的だけで開かれた道は、圧倒的に新しいものが多い。いわゆる近代登山が始まったのは、せいぜいこの百年のことである。

ところで、登山道は誰の所有なのか。

登山道は、山麓では民有林、民有地を、二〇〇〇メートルを超える高山では国有林内を辿るのが大半である。地形的には県境をなす稜線、郡や町村境の尾根、沢や谷の岸を通っていることが多い。じつはこうした登山道特有の形態が、登山道の整備や維持、管理の責任ともからんで、一つの問題点となっているのである。

山岳観光地やその周辺では、ハイカーや観光客が歩き易いようにと、登山道の整備に拍車がかかっている。その整備は、所によっては山頂近くにまで達しているが、まるで寺や神社の参道のような道は、およそ登山道のイメージにはそぐわない。今はやりの自然歩道なるものが、各地で距離を延ばしているが、登山道との違いは明確でない。各地各様の判断、基準がまかり通っているというのが実情だろう。

まあ、目くじらを立てるほどのことではないかもしれないが、いざ災害が起きたりすると、登山道の復旧や新たな整備の費用負担をめぐって、時として積もり積もった矛盾が表面化したりする。理由づけが何より優先する役所の世界のことである。このときに問題になるのは、登山道は誰の所有なのか、である。

ともあれ、一般登山道はいろいろな矛盾を抱えながらも、急速にその姿を変えつつある。かつて初級者には難コースとされた北アルプスの西穂高《ほたか》岳―奥穂高岳―北穂高岳の稜線ですら、年を追うごとに安全対策が進み、今では中高年のパーティーも目立つ。とくに百名山や人気のある山の登山道は、これからもさらに歩き易く、登り易くなりそうな気配である。

北岳までは地元、縦走路は県が管轄

日本の山の、否、日本のシンボル、富士山――。

その三七七六メートルの山頂へ向かって、山梨、静岡両県から幾筋かの登山道が通じているが、最も利用者が多いのは、山梨側の富士吉田口五合目からのルートである。

登山口となっている、有料道路スバルラインの終点の五合目から、八合目に至る登山道は、山梨県の県道指定になっている。従って所管は県土木部である。その八合目上部から頂上にかけての土地は浅間《せんげん》神社の所有である。毎年、二十万人からの登山者でしっかり踏まめられた道は、登るのにとくに難場はないが、整備という話になれば、一義的には浅間神社の意向をうかがわなければならないことになる。

　昭和五十五年（一九八〇）の夏、この吉田口登山道で大きな落石遭難が発生し、死者十二人、重軽傷者二十九人を出す大惨事となった。富士山は五合目から上部は露岩帯で、落石が起きると石が石を呼び、岩なだれとなる。

　この事故をきっかけに、一つのルートに集中する登山者を分散させ、落石とその被害予防の目的で、山梨県は八合目から新たに別の下山ルートを県単独事業で整備した。これはいわゆる登山道扱いとしたため、商工労働観光部が担当することになった。しかし、五合目から八合目にかけては県有地であるので、一応、地主である県の窓口、林務課に観光課から許可申請を出し、了承を取るという手続きを踏んで、整備に着手したといういきさつがあった。

　山梨県観光課が管理している登山道は、計二十四本、延べ約二百六十キロだという。この中には富士山外周の天子《てんし》山系などを通る東海自然歩道の約百五十キロも含まれるが、ほぼ県有林、県有地の中を通っている。これらの登山道の維持、管理に、県は年間約一億円を投じている。

　ところが、富士山に次ぐ日本第二位の高峰、南アルプスの北岳《きた》（三一九二メートル）の登山道はどうなっているのか。北岳へは広河原《ひろかわら》から大樺沢《おおかんば》—八本歯《はっぽんば》のコルのコースで登る登山者が七〜八割と見られているが、じつはこの道は県の所管ではない。地元の芦安《あしやす》村が整備を行なっている。しかし、稜線へ出て、北岳―間《あい》ノ岳―農鳥《のうとり》岳と続く白峰《しらね》三山の縦走路は県有地なので、ここは県観光課の担当となるというから厄介である。

同じように登山道の整備をめぐって、どこの所轄なのかという押し付け合いが、最近、長野、岐阜両県をまたぐ北アルプスでも展開された。

工事費はいったい誰が負担するのか

平成十年（一九九八）の夏、北アルプス南部の山は群発地震に見舞われた。後に「上高地《かみこうち》地震」と命名されたこの地震で、燕《つばくろ》岳―槍《やり》ヶ岳を結ぶ表銀座コースは西《にし》岳周辺で、穂高連峰では涸沢《からさわ》岳付近の縦走路に大きな決壊が発生、一般ルートが寸断されてしまった。

さて、誰の負担で復旧工事を行なうべきか。国立公園の管理を担当する環境庁（当時）、地主の林野庁、県境をなす長野、岐阜の両県を始めとする関係自治体、そして山小屋、地元の遭難対策協議会、観光協会の話し合いは続いた。

しかし、先例となることを回避しようとしてか、環境庁と林野庁は出費を渋った。長野、岐阜両県も、県道でもなく自然歩道の指定もない〝不明な道〟に出費する大義名分はさがし当てにくいとした。

年が明けて登山シーズンが迫ってきた。長野県は用材などで側面協力をしたようだが、時間切れを前にして関係諸機関の間で決着した内容は、次のようだった。

西岳周辺は長野県領である。そこで工事費千六十三万円のうち、町村境の穂高町五十万円、堀金《ほりがね》村三十万円、長野県遭対協三十万円、北ア南部山小屋友交会二十万円、上高地観光協会十万円の計百四十万円を出し、それ以外は登山客の受益とかかわりが深いということで地元の安曇《あずみ》村の負担とする。

また、涸沢岳周辺の工事費六百七十四万円は、岐阜側の上宝《かみたから》村百万円、遭対協二十万円、山小屋友交会十万円の計百三十万円を除く費用は、やはり一帯を行政区域とする安曇村が出すことになった。

「よそから来る登山者や（ほかにも恩恵を受けているところがある）観光地や業者のために、なぜ安曇村だけが金を出さなければならないのかと、議会や一部の住民から追及されました」

安曇村の有馬佳明村長は嘆くが、地元のつらいところである。

山の幸や伐採の対象になる森林もない北アルプスの岩稜の登山道は、明治末期から、近代登山のパイオニアや、大正期に山小屋を開いた関係者のたゆまぬ労苦によって整備されてきたものがほとんどである。喜作《きさく》新道（小林喜作、表銀座コース）や重太郎《じゅうたろう》新道（今田重太郎、前穂高岳）のような登山道は、国有地を〝黙認〟の形で登山者が少しでも歩き易いようにと整備してきた個人の名前を残したものである。その「黙認」がいつしか「公認」のコースとなってしまい、「上高地地震」で管理体制の矛盾が露呈することになったのだといえよう。

東海自然歩道がきっかけになって、全国いたるところで自然歩道ができた事実が如実に示すように、公費の支出に際して大義名分を欲しがるお役所にとって、「自然歩道」の指定があると金を出しやすいらしい。例えば信濃路自然歩道は十二路線、延べ四百八十二キロが指定され、ほかにも自然研究路の名目で多くの遊歩道づくりが行なわれている。各県とも同じ傾向にあり、自然歩道の総延長距離は、いまや全国で軽く一万キロを超えていると見られる。

しかし、自然歩道と称していても、もともと登山道だったものや、自然歩道をたどっているつもりが、途中から登山道を経由してピークへの登路となっている道が圧倒的に多い。それを利用する登山者からすれば、その区分は見分けようもない。

山に登る行為には、道の所有者や用途指定などは関係ないけれども、そこをたどる登山者が増え、いつの間にか管理を押し付けられた格好の地元にすれば、登山道の整備費の捻出は、とにかく頭の痛い問題となっている。

登山道整備は山小屋の仕事

山に工作物を造る場合、地主であれば何でも勝手に造れる、というものではない。そこが国立公園内なら環境省の許可が必要だし、文化財や名勝指定地なら文部科学省の了承を取り付けなければならない。それだけにとどまらず、保安林、鳥獣保護の指定区域になっていれば、自然公園事業との関連など、さまざまな法律的、行政的な手続きを求められる。その煩雑さに音《ね》を上げる山小屋関係者は多い。

しかし、北アルプス、南アルプスなどの国有林内の、こと登山道に限っては、長い間、林野庁側がその整備、つまり手を入れることを〝黙認〟してきた経緯がある。もともと原生状態の山に入るには、沢をつめ、尾根筋を登り、稜線を辿るのが、最も分かりやすい登り方であり、確実なルートでもあった。先行者のナタ目や目印の岩を追っていくことで、次第に踏み跡ができ、それが登山道となった。江戸時代までは伐採のための作業小屋（杣小屋《そま》）があったが、明治を経て、大正、昭和になって山登りを相手にする山小屋ができると、小屋の人たちが周辺の道やピークへの登路を整備してきた。北アルプスや八《やつ》ヶ岳などでは、登山道の整備は山小屋の仕事のように思われていた時期すらあった。

戦後になっても、例えば北アルプスの最深部、三俣《みつまた》山荘主の伊藤正一さんは、高瀬《たかせ》川源流域の湯俣《ゆまた》から三俣山荘―雲《くも》ノ平《たいら》―薬師《やくし》沢出合いのルートを十年がかりで整備し、昭和三十一年（一九五六）、開通にこぎつけた。とくに湯俣―三俣山荘間のいわゆる「伊藤新道」の十キロには、五つの吊り橋を架けるなど本格的な工事となり、当時で四百万円という個人が負担するには大きな工事費がかかったが、全額自費だったたという。

その伊藤さんは平成十三年四月現在、林野庁との間で、三俣山荘など経営する山小屋の地代徴収方式をめぐって、名古屋高裁の場で対立している。このことについては改めて触れるが、趣味で山に登る人たちが利用する登山道は、その関係者に整備を任せておく、といった認識が、アウトドアブームで自然歩道づくりが始まった八〇年代前半までは、林野庁や地元の自治体の関係者らにあったことは否めない。

横尾の橋の場合

ところで、あまり知られていないが、林野庁はこの十年来、国有林内を通過する登山道の路線敷きを、できるだけ地元自治体に貸し出す方針をとっている。登山道が管内各地に縦横にめぐらされている林野庁の中部森林管理局の場合、例えば後立山《うしろたてやま》の白馬《しろうま》連峰を抱える白馬村《はくば》に、登山口の猿倉《さるくら》から大雪渓を経由して稜線までの三・八キロと、猿倉から鑓《やり》温泉経由の天狗《てんぐ》山荘までの七キロを、道幅一メートル未満として平成三年から貸し付けている。他にも苗場《なえば》山へ至る道（長野県栄村）や米子《よなご》ノ滝への道（同須坂市）などを貸している。ただし登山道については使用料は取っていない。

なぜ貸し付けるのか。管理局側の考えは、登山道の整備と管理責任を明らかにしておきたいというものだ。地主だからといって、いわば勝手に造られてしまった登山道の整備を押しつけられるのは困る。まして登山道や丸太橋の不整備がらみで遭難などが発生し、その責任を追及されたり、損害賠償を求められたりしたら、たまったものではない、というのが本音で、そのための予防策だといえよう。

一方、自治体にしても、貸与を受ければ責任を転嫁される心配があるし、林野庁や環境省に

一億円が投じられた横尾の吊り橋

整備してもらったほうが予算の工面でも助かる、といった判断が働くケースもある。白馬村と並んで北アルプス核心部に登山道の多い安曇村は、白馬村とは対照的に、貸与返上の姿勢をとっている。

その安曇村の区域内にある横尾《よこお》に、平成十一年末、涸沢方面への登山道専用の立派な吊り橋が完成した。建設費はなんと約一億円。昔の橋を知る人なら目を丸くしそうな〝豪華橋〟である。

横尾の橋は、戦後しばらくは丸太を束ねただけのものだったが、三十年ほど前、長野県がコンクリートの台座に幅一メートルほどの歩きやすい板橋をつくった。それが傷んできたところへ、平成八年秋、台風の影響による猛烈な集中豪雨で橋脚のコンクリートの土台が傾いてしまったのである。地形的にも槍沢などからの水が漏斗《ろうと》状に集まる場所である。

ここ十年来、登山道整備から撤退作戦を展開中の長野県は、県自身による再建にきわめて消極的だった。たまたま環境庁（当時）が「緑のダイヤモンド計画」と称する国立公園の整備計画をつくり、予算を組もうとしていたので、渡りに船と、横尾の再架橋計画を押し込んだといういきさつを経て、横尾の橋は再建された。

梓《あずさ》川にかかる橋では、横尾の下流の新村《しんむら》橋と明神《みょうじん》橋で架け替えを求める動きが出ているが、どちらの橋も、もともとは長野県が架けたものだ。今後、県と環境省との押し付け合いが続くことが予想される。

2　そこまで整備するか！

西に多い頂上まで石段の山

出羽《でわ》三山の主峰、月山《がっさん》（一九八四㍍）へは、かつて積雪期に姥《うば》沢側からスキーで登頂したことがある。そのときはガスが深くて展望が得られず、長い間、登り直しを考えていた。

平成十二年の秋、東北への山旅の折り、今度は弥陀《みだ》ヶ原から登ってみた。

八合目からの登山路が、とにかくよく手入れされていた。一部、板木を敷いて木道になっているところもあるが、大部分は歩幅に合わせて並べられた石をたどっていけばよい。電柱を輪切りにしたような人工の円石は、登山口からの中間点、仏生《ぶっしょう》池を過ぎても敷きつめてあった。

「西の英彦《ひこ》山、東の月山」——。

そんな言葉が、ふと頭の中に浮かんだ。ややオーバーな表現だが、土をほとんど踏まずに頂上まで登れる山、という意味である。

総じて宗教開山にちなむ山々は、私の体験では登山道の人為的整備が目立つように思われる。とにかく石段や木材で補強した階段が、延々と続く。福岡県と大分県境の英彦山（一二〇〇

㍍）は頂上まで石段だし、今なお女人禁制を続ける奈良県の山上《さんじょう》ヶ岳（大峰《おおみね》山。一七一九㍍）、「火伏せの神」愛宕《あたご》神社本殿のある京都の愛宕山（九二四㍍）、大山寺や大神山《おおがみやま》神社の盛衰を伝える鳥取県の大山《だいせん》（一七二九㍍）、さらに鹿児島県の高千穂峰《たかちほのみね》（一五七四㍍）も加えていいと思うが、なぜか西のほうの山が多い。

宗教の伝播が西から始まったことによるのか、これらの山々がたまたま石段造りに適した山容をしているせいでもあるのか。いずれにしても、宗教にまつわる山とはいえ、三〇〇〇メートル級の御嶽《おんたけ》や立《たて》山《やま》、二七〇〇メートル級の白山《はくさん》となると、こうはいかない。日本三彦山の一つ、新潟県の弥彦《やひこ》山（六三四㍍）でさえ、それほど石段の道が多くないところをみると、地域の風習も関係しているのかもしれない。

月山の石畳登山道
左側は高山植物保護用のムシロ

登山道周辺の裸地化

そうした詮索はともかく、月山の頂上近くまできて、改めて登山道の精力的な普請《ふしん》ぶりに驚かされた。頂上直下の登山道を約四百メートルにわたって、二メートルほどの幅で、石畳の道に再建中だった。石畳に使う、人間の頭ほどもある一つ一つの組石は、ヘリコプターで下界から運んでいた。働いていた現場の人に聞くと、延べ百回以上のフライトだという。

山形県環境保全課の直轄工事のようで、「工事についてのご意見等あれば……」という但し書きに続いて、県と請負業者の連絡先が記してあったので、後学のためにメモしておいた。東北の旅から帰って、折りをみて県の環境保全課に聞いた。

それによると、平成十年から三年計画で進めている東北自然歩道の整備事業の一環で、月山にかかわる総工事費は一億二千万円、うち十二年度は五千万円で、ヘリ搬送費は約千八百万円だという。予算の二分の一は国庫補助。月山の登山道は利用者が多いため、「登山道周辺の植生保護の観点から、登山者の動線確定が必要」との理由から整備を進めている、という回答をいただいた。

確かに全国的に、登山者が大勢集まる山の登山道では荒廃が進んでいる。各地で登山道の周辺の裸地化は、とどまることがない。東京周辺ではとくに深刻な状態にある。神奈川県の丹沢《たんざわ》山塊の大倉《おおくら》尾根などは、踏まれて裸地化した尾根上に雨が降り、さらに大きな溝ができるなど、余りの惨状に本格的な修復がなされた。

しかし、月山と丹沢や奥多摩の山とでは、年間を通しての登山者の数にはかなりの開きがあるはずである。それでも下界から石を上げ、道の脇には植生に合った草花の種をまき、育成を助けるためにムシロ状のマットでおおっていた光景には、月山に対する地元の人たちの深い思いがうかがえた。

富山は整備推進、長野は撤退

北アルプス・立山一帯でも、富山県や環境省による登山道整備が進んでいる。室堂《むろどう》から一ノ越《いちのこし》（二六八〇㍍）へのコースなどを再整備するということで、富山県は平成十二年度予算だけで八千万円（うち二分の一は国庫補助）という大きな金を投じている。すでに環境省直轄の室堂一帯は、遊歩道以外にも下界の歩道並みの立派な登山道が完成している。

では、登山道の整備は、どの程度まで行なう必要があるのか。周辺の地形、植生といった自然の条件もあるだろうし、その山へやってくる登山者の数、技量なども考慮しなければならない面もある。中高年の大衆登山者は、ルートのない岩壁や氷壁の登攀に意欲を燃やす先鋭クライマーと同じように見るわけにはいかないが、かといって余りに整備しすぎても、登山が持つ、困難の克服という醍醐味を損なうことにもなる。

中部山岳国立公園として立山を管理する立場にある、環境省中部地区自然保護事務所の広野孝男所長も、「整備の限度を、立山はやや超えているのではないか、と内部でも指摘する声があります」と認めている。

富山県と対照的なのが長野県だ。県内に抱える山岳、登山道が多すぎて、本格的に整備をやり始めたらきりがないという側面もあるが、県財政との兼ね合いで手を出しかねているというのが実情である。華やかな長野オリンピック開催の陰で、赤字体質になった県財政をどう建て直すかが当面の課題になっている。

それらの理由から、登山道整備は地元の市町村に任せる方向で、平成二年から撤退作戦を展開し、三カ年の時限条例で「これで終わり」と、いわば最後通牒を出した。その後、地元の強い陳情で、安曇村、白馬村に対し年約三百五十万円の整備費援助を続けたが、それも平成十年以降はストップしている。

富山県などと比較してのことではあるが、山小屋や地元の間では、「長野は冷たい」という声が聞かれる。その一方で「大半の登山者が県外の人なのに、なぜ県費を？」と反論する県職員もいる。「それなら観光客は誘致しようというのに、登山客は対象ではないのか」と別の意見が出る。とにかく議論好きの県である。

木段は障害物競走か

登山道は金をかけて整備すればいい、というものではなさそうだ。問題は、今ある登山道をどう維持するかである。各地の登山道を歩いてみて、山小屋や地元の人たちが小まめに手を入れている登山道はすぐに察しがつく。木段の傷みぐあい、崩壊箇所への処置の仕方、道標の状態……など、判断材料はたくさんある。登山シーズンの前と終わりに、毎年きちっと手入れをすることが肝心なのだ。

総じてにわかに整備した道――自然歩道などは、整備後、数年は良好だが、年とともにかえって歩きにくい道になるケースが目立つ。土木業者まかせで、アフターケアというか、明らかにその後の小まめな手入れをおろそかにしているからである。

日光白根山《しらね》（二五七八㍍）と根名草山《ねなくさ》（二三三〇㍍）との間にある金精峠《こんせい》への自然歩道は、そうした荒廃ルートの一つだろう。日光側から峠への二百メートル近い急登に、大きな段差でつくられた木段が、原形をとどめないまでに壊れ、まるで障害物競走をさせられているようなものだった。

四十年ほども昔になるが、西穂山荘の初代、村上守さんの後について小屋への道を辿ったことがある。そのとき、〝守さ《まも》〟は山登りのコツをこう教えてくれた。

「できるだけ水平に近い足場をえらんでせ、頭はあまり動かさないようにするだじ」

一服しているとき、守さは自分の足をまくってみせ、ふくらはぎをぴしゃぴしゃ叩きながら、「ここが柔らかいのも大事でな」とも話した。守さ、六十歳前後だったか。

確かに守さのいう通り、無理なく水平に近い足の運びができれば、疲れは少ない。初心者はどうしても土の上を選んで足を運びがちだが、実際には石と石を選んで踏むと足が水平になる山道も多い。いずれにしても足の運びは小幅が原則だ。勢いよく大股で登ったり踏ん張ったりして、頭を前後させるような登下降を続けると、リズムを崩すことにもなるし、膝やももにてきめんに来てしまう。

ところが、ちゃんと整備したはずの自然歩道には、登高の理に合わない、段差の不揃いな、横木を渡した木段が実に多い。家や街路の階段が、一段十六〜十八センチを超えることがないのに、平気で二十五センチを上回るような木段が連なっている登山道がある。雨にぬれようものなら、丸太の滑りを避けようと、段差以上に足を上げ下げしなければならない。こうした木段の脇には、別の新しい踏み跡が、決まったようにできるのもうなずける。

昔からの山仕事の道や、山小屋の人たちがこつこつ切り開いた道は、一言でいえば、無理が少ない。登山道づくりのコツが、そこにはあるように思える。

登山道や自然歩道の整備は、歩きやすさのため以外に、道が悪いと道の脇へ踏み込むことで自然破壊が広がるのを防ぐ意味や、雨水が道を流れることで土砂が流失するのを防止する目的もあるだろう。しかし、登山道と観光客のゲレンデは、きちんと区分けして対応する必要がある。その基準を曖昧なまま整備を進めると、それが新たな自然破壊につながる可能性のあることを知っておくべきだろう。

最近では環境省の中にも、登山道についての専門知識を持った人が出てきているというが、整備を土木業者まかせにしていては、カネ（予算）の切れ目が破壊の始まり、になることは明らかである。また、各自治体や地元も含めて、整備責任を押し付け合うだけでなく、山を愛し理解する心をもって手入れを続けていかないと、いい登山道は残らない。

3　道標に見る工夫とユーモア

地元の人の思い入れを示す道標

この十有余年、大衆登山をめぐる環境の中で目に見えて充実したものに、道標と登山地図が挙げられる。北アルプスや八ヶ岳、あるいは東京、大阪近郊など、登山者が集中する山に関するコースガイドの本は、書店の棚に数えきれないほど並んでいる。

私の知人、元環境庁レンジャー塚本静雄さんは退職後、「トレッキングマップ　北アルプス」づくりに打ち込み、平成十二年（二〇〇〇）、二万五千分の一を原図として、登山道の実測距離、行程時間や沿道の花、樹木などをこと細かに記載した十色刷りの独自の登山地図を作成し、市販している。これまで登山の必須アイテムとされていた国土地理院発行の五万分の一の地図では考えられないほど、初心者にとっては至れり尽くせりの地図である。

善し悪しは別にして、人気のある山岳では、地図がなくても支障がないと思えるほど、登山道の道標は完備している。北海道の一部の山で、そのルートしか考えられない山や、残雪期にしか登れない中部や北陸の山岳の一部などで、道標がなくて多少困惑したり、判断を必要としたりする程度、といったら言い過ぎだろうか。もちろん、一般ルートの話である。

しかも最近の道標は、登山者に分かりやすいように、昔ながらの「○合目」にとどまらず、さまざまな新しいアイディアを凝らした表示をしている登山道が多い。道標そのものではないが、その横に思わず噴き出してしまいそうな注意書きや、登山者が残したものと思われる〝実感〟のこもった落書きにもお目にかかることがある。

道標は多すぎても目障りで、気に障るものだが、ルートがはっきりしないような山道では、一本の赤テープ、赤布がどんなに安心させてくれるか。道標は地元の人たちのその山への思い入れ、心配りのバロメーターだともいえるだろう。各地の山々を登り歩いた中で、感心させられたり、あるいは疑問に思った道標や注意書きの傑作選を紹介したい。

『聖職の碑』の思い出

仙台と秋田を結ぶ仙秋《せんしゅう》ラインで宮城県側の鬼首《おにこうべ》から県境のトンネルを抜け、秋田県雄勝《おがち》町に入ったところにある赤倉橋が、虎毛《とらげ》山（一四三三㍍）への登り口である。山頂に池塘《ちとう》が点在する、いかにも東北らしい雰囲気のある山である。隣の高松《たかまつ》岳（一三四八㍍）と組み合わせて一泊二日の山旅を楽しむのにもってこいの山小屋も山頂にある。

この虎毛山への山道で出会ったのが、高度差を図表化した道標である。水場、徒渉点、尾根上などの各ポイントごとに、これから登り下りする高度差を、傾斜に合わせた斜線で表示してある。誰が工夫したものなのだろう。私には初めて見る道標表現だった。B3ほどの紙に細かく記入し、固い台紙に貼りつけた上にビニールでぴったり包み、ぬれても大丈夫なようにしてある。これが各ポイント毎に七、八カ所掲示してある。

虎毛山は、登山道そのものもよく手入れされ、ほぼ標高百メートル毎にベンチまで用意されていて、気持ちいい山旅を味わった。

映画にもなった新田次郎氏の小説『聖職の碑《いしぶみ》』は、中央アルプスの将棊頭山《しょうぎがしら》（二七二六メートル）が舞台である。新田先生には生前、霧《きり》ヶ峰を経て美《うつくし》ヶ原へ至る「ビーナスライン」建設をめぐる第一次、第二次の論議や登山と気象についてのお話を聞くなど、お世話になったが、『聖職の碑』は大正二年（一九一三）、将棊頭山の麓、箕輪《みのわ》町、中箕輪尋常高等小学校（現在の中学二年生）の集団登山が、暴風雨のため赤羽長重《ながしげ》校長をはじめ十一人の生徒が死亡した遭難の一部始終を克明に記している。

今そのコースには、登山口の伊那市内《うち》ノ萱《かや》から、赤羽校長以下一行のたどった大樽小屋の上部までが、信州大学農学部の演習林ということで、同大学の手で登山道横に標高五十メートルごとに立派な高度標識が建てられている。

このごろは腕時計に組み込まれた簡易高度計が普及して、山行に携帯している人をかなり見かけるが、高山植物の観察などに、現在位置の高度は欠かせない。その点、居ながらにして自分の高度が分かる、この標識は便利である。今もこのコースは地元の集団登山が利用している。

遭難予防と自然観察の合作とでもいおうか。さすがである。

道標の数と質が向上

いま各地で、コースの距離、所要時間を克明に記した標識が増えつつあるが、標識の形や記す内容はさまざまだ。

新潟・中越地方の人たちに人気のある粟《あわ》ヶ岳（一二九三㍍）の主要ルートの一つ、中央登山道で見かけた道標は、こんな具合だ。例えば「№5」の道標は、その右側に「↑2420M 1・40H」とあり、左側には「0・40H　2230M↓」と記してある。「№5」の上の「№6」の標識は、同じように右に「↑1935M　1・15H」、左に「1・05H　2715M↓」とある。もうお分かりと思うが、「№」は道標の下からの順番で、「↑」とあるのは登る距離と所要時間、「↓」は下りの距離とその時間である。もちろん「№10」の標識の右側は、「0」だ。かなり懇切丁寧な道標である。

これほどではないが、北アルプスでも一、二の人気を誇る槍ヶ岳（三一八〇㍍）では、登山者が圧倒的に多い槍沢ルートの要所々々の石に、頂上までの距離や流れ込む一つ一つの沢の名がペンキで書いてある。燕岳（二七六三㍍）の一般的な登り口、中房《なかぶさ》温泉からの道には、休み場のベンチごとに標高と登り、下りの距離を入れた道標が立っている。

かつては朽ちかかったような道標が多かったが、今では腕木もしっかりした立派な道標が目

栗ヶ岳の数字道標

虎毛山の図表つき道標

川上岳にあった警告板

鬼面山のブナに彫られた道標

立つようになった。何よりも、その数がひと昔前に比べると、倍増したといっても過言ではない。県によっては、登山道の第二の整備期に入ったというところさえある。しかし、中にはそこまでしなくても、と首を傾げたくなるような道標もなくはない。

九州、宮崎と大分の県境に位置する傾山《かたむき》（一六〇二㍍）に行ったときのことだ。「傾山頂へ10メートル」という真新しい標識が、頂上直下にあった。確かにすぐ上が頂上だったが、うーんと思わずうなってしまった。しかも、百メートルほど続く山頂の岩稜のあちこちに「傾山頂」の標識を見かけて、どこが実際のピークなのか釈然としなかった。傾山とは違うが、北海道の後方羊蹄山《しりべし》（一八九八㍍）へ登ったときにも、外輪山の二百メートルほど離れた地点に二つの山頂標識を発見した。同じような高さだが、どちらかにしないと登山者は戸惑う。

〝細工〟され過ぎた標識

山の麓を一合目とし頂上までを十に分けて頂上を十合目とする、昔ながらの「合」の表示の流儀は、今でも主流といえる。富士山を筆頭に、大半の山は「合」を用いて、登山道の目安としている。北海道の山でも「合」を使っている山が多いことからみて、開山の歴史の深浅との関係は薄いように思える。

ただ、「合」の割り振りは各山各様で、富士山以外では後方羊蹄山の真狩《まっかり》口からの登山道で「二合五勺」という道標を見かけたが、必ずしも距離や時間を正確に等分しているわけではない。どの山もそうだろうが、休みやすさ、展望の良さ、水場の有無などを考慮して、適宜案配していると考えるべきだろう。

中には、登山者の心理状態や体力配分にまで気を配ってか、九合目から上の距離を大幅に長くしたり、別の山では逆に短くしたり〝細工〟し過ぎるケースにも出会う。つまり、「合」の標識には「日本標準」といったものはないと考え、あまり惑わされないようにした方がよいと思う。

静岡と山梨の県境にある南アルプスの前山、大谷嶺《おおやれい》（一九九九・七㍍）でも、同様の標識を見かけた。

大谷嶺の標高は四捨五入すると二〇〇〇メートルなので、西暦二〇〇〇年（平成十二）の年にはミレニアムの山として脚光を浴び、山梨県側の早川町が便乗気味に「行田山《ぎょうだ》」という山梨側の呼称で売り込みを図り、静岡側の登山路とは別に短縮登山路を整備した。しかし、最後の道標が「頂上まで〇・四キロ」とあったが、どう見ても実際の距離より短すぎて、いささか興ざめだった。

地元製の地図もおすすめ

山行に地図は必携品だが、登ろうとする山の地図をたまたま忘れたりして持っていないことに気づいたら、地元の町村役場か観光協会などに当たってみるといい。このごろは、国土地理院の詳細な二万五千分の一の地図とはまた違って、その山の登山路の気をつけるべきポイントや歩行程などを記載した、じつに分かりやすい絵地図を用意している町村が増えてきた。

また、登山口に、その山のルートや所要時間を大きな看板で掲示してあるところが多い。半日行程ほどの山なら、それを記憶するなりメモを取るなどすれば、地図なしでもなんとかしのげそうなくらいの親切さである。

鹿児島県の大隅半島にある大篦柄岳《おおのがら》(一二三七㍍)を登りに行ったときのことだ。私は北海道や九州などへ行くときにはレンタカーを使うことにしているのだが、前日に麓の町、垂水《たるみず》に入ったところ、予定していたスマン峠経由のルートは、林道が途中で不通になっていることを知った。さて、どうしたものかと思い、とりあえず地元の警察の派出所を訪ねた。すると逆のルートから九州自然歩道経由で登ってはどうかと、わざわざ分かりやすい登山地図を添えて薦めてくれた。

翌日、反対側の登山口を目指したが、正月のこととて夜明けが遅く、真っ暗な中で登山口の集落の入り組んだ道に迷い、登り口に至る道をいくら探してもなかなか見当たらない。その日の午後の帰りの飛行機の時間が気になって、焦りがつのるばかりだった。何とか道を探し当て、無事に目指した山へ登れたときには、警察もここまでやってくれるのか、と感心したものである。

同じ鹿児島の薩摩半島の開聞岳《かいもん》(九二二㍍)は、その円錐形の整った山容と、山腹を時計回りに一周して頂上に達するユニークな登山路で人気のある山だ。その登山道には、「救助第一ポイント」、「救助第二ポイント」というふうに、いくつかの標識が立ててある。遭難者をヘリで救出する際、その場所を確認するための標識だそうで、開聞岳ならではの流儀である。

ニヤリとさせられる道標

道標に書き込まれている文言を見て、思わず頰がゆるみ、ほんの一時だが疲れを忘れたような気分になることがある。

南アルプスの伊那側の支脈にある鬼面《きめん》山（一八八九㍍）へ、旧秋葉街道の地蔵峠から、アップダウンを繰り返す尾根通しに行くと、ブナの巨木の樹皮をはいで、「峠より三〇〇〇歩　頂上まで三〇〇三歩　中間点」と書いた道標を見つけた。

歩数の表示というのは初めてである。歩幅には個人差があるし、万歩計を持っていれば別だが、一歩、二歩……と数えていたら眠くなりかねない。とはいえ、周囲の状況からちょうど中間点のようであり、登りのほうを三歩余計にしてあるところが、いかにももっともらしい。書いた人のユーモアが伝わってくるようだった。

北アルプス、高瀬《たかせ》入《いり》の葛《くず》温泉の上部から船窪《ふなくぼ》岳（二四五〇㍍）へ登っていくと、ひざが鼻にくっつくのではないか、と思われるほどの森林帯の急登に、いささかうんざりしてきたころ目に飛び込んでくるのが、胸突き八丁ならぬ「鼻突き八丁」という道標。こちらの行動をどこかで見ているような表現に、思わず噴き出してしまう。場所は、七倉《ななくら》沢へ二時間半、船窪小屋へ二時間ほどのところである。

山形との県境に近い宮城県の大東《だいとう》岳（一三六〇㍍）にも、「鼻こすり」という場所がある。これまた、名にし負う急登である。

まるで「黒田節」

最近の登山では、旧陸軍やかつての大学山岳部流に「行動中に水は飲むな」といわなくなった。とくに夏山では熱中症や脱水症状にかかりやすいので、それを避けるため「飲め、飲め」とまるで黒田節である。

ところが、中央アルプス・経《きょう》ヶ岳（二二九六㍍）の登山道横の木には、いつごろ作られたものか、今なお「水飲むな！」の檄がぶら下がっている。この登山道は、「もうすぐ3の2ピット」だとか「4ピット」といった、やや意味不明の道標が続いている。展望のよい「5ピット」の地点には、別に「八合目」の道標があった。

これは、ある年末に岐阜県の川上《かおれ》岳（一六二六㍍）へ行ったときの話だ。山之口側から営林署の巡視路にもなっているジグザグ道を登り出した。前夜来の新雪が、登るほどに深くなり、二時間半ほど頑張ったころには、北側斜面ということもあり、膝上まで没するほどの深雪に変わった。単独行ではあるし、このぶんではあと二時間かけても登頂は無理かな、と思い始めて

いた。すると、

「本日はようこそおこし下さいました。まだまだ頂上はほど遠く、帰るのでしたら、ここで帰って下さい」

大きな字ではないが、私の心境を見すかしたような標識が、雪の枝に下がっているではないか。私は、素直に忠告に従うことにした。

川上岳へは後日、宮村側からあっさりと登った。

第五章　電源開発と林道について

1　秘境と車道

かつては五日がかりの山が日帰りの山に

三つ、四つと次々にトンネルを通過し、長いトンネルの途中に開けられた避難路のような横穴が、未丈《みじよう》ヶ岳（一五五二㍍）への登山口だった。

新潟県湯之谷村を起点とし、奥只見《ただみ》湖に至るこのシルバーラインは、全長約二十キロのうち、なんと十八キロがトンネルである。シルバーラインは未丈ヶ岳の先で、銀山平《ぎんざんだいら》、岩峰の荒沢岳《あらさわ》（一九六九㍍）、深山の平《ひら》ヶ岳（二一四〇㍍）への県道を分岐している。その道を、奥只見湖畔を"8の字"を描くように車で一時間半ほど行けば、御池《みいけ》―沼山へと通じる福島県側の尾瀬《おぜ》の入山口となる。

この長大なトンネルを通るたびに、電源開発事業というものが結果として、大衆登山時代の幕開けにいかに大きな役割を担ったかを思わずにはいられない。

「日本百名山」の一座に数えられる平ヶ岳は、日帰りの山としては、今でも歩行程の長い部類に入る。しかしシルバーラインが通じる前は、越後駒《えちごこま》ヶ岳（二〇〇三㍍）への道を分ける枝折《しおり》峠をいったん越え、二岐《ふたまた》沢をつめて登るか、群馬県側からだと、利根川源流の水《み》長《なが》沢を遡行《そこう》して頂きに達するしかなかった。深田久弥先生は奥只見湖を船で渡り、登りに三日、下りに二日かかった、と記している。文字通りの深山だった。それが、今では、東京からでも前夜泊日帰りの山になった。

　シルバーラインは、もともと電源開発会社が奥只見とその下流の大鳥《おおとり》の二カ所に発電所を建設するための資材搬入路として造られた。工事は、昭和三十六年（一九六一）、貯水量六億トンの日本一のダム、奥只見湖を完成させて終了した。工事終了後、十年ほどは電源開発会社がシルバーラインを管理していたが、奥只見湖を観光資源として活かす狙いで、新潟県に移管された。

　現在は無料の県道として、厳冬期の一月から三月を除き、開放されている。奥只見湖には遊覧船が運行し、その周辺には春スキー場もオープンしている。

　尾瀬を源流とし、福島、新潟の県境を流れる只見川（阿賀野《あがの》川水系）は、日本有数の水量を誇っているが、他の河川と最も異なっているのは、四季を通じて水量の変動が少ないことだという。周囲の山からの土砂の流入も、北、南アルプスのように多くなく、安定した電源供給地帯とされている。

　完成から約四十年が経って、ダムには手を加えず、奥只見、大鳥の両発電所に発電設備を増設し、さらに二十八万キロワットを増産して計八十四万キロワットとする二次工事が進められているが、時代は移り、奥只見湖ができた一次工事のときとは様変わりして、環境に及ぼすダムの功罪が多面的に論議される社会になった。二次工事では、地形改変への留意、水質保全、野生生物や植生への配慮など、一次のときにはほとんど問題とされなかったことへの対応を迫られている。

電発道路で五時間弱が一時間半に

ダムと環境との関係についてはさておいて、奥只見に限らず、電源開発がきっかけで、かつてはエキスパートのみに許された秘境が、現在、登山や山岳観光が容易になった地域はじつに多い。

その代表的な例として上高地《かみこうち》が挙げられよう。大正四年（一九一五）の焼《やけ》岳の噴火で誕生した大正《たいしょう》池は、そのシンボルともいうべき立ち枯れの木がめっきり減ったことを除けば、今も〝自然〟に維持されている——と思っている方が多いのではないだろうか。しかし、実態は東京電力の貯水対策が続けられていなければ、あのヨーロッパ・アルプスを思わせる湖面は今ごろはただの河原と化している、と考えたほうがいいだろう。

上高地への車道の原形は、昭和三年に完成した沢渡《さわんど》上部にある霞沢《かすみざわ》発電所の建設工事によってできたもので、もちろん当時は上高地までは通じていなかった。じつはこの霞沢発電所の水源が大正池なのである。ダムの役割を果たしている大正池がなくなっていれば、三万九千キロワットの霞沢発電所は現在、稼働していないことになる。

上高地を訪れるときバスの車窓から観察すれば分かるが、大正池の池尻には、コンクリートではないが、土を盛った高さ二メートルほどの堰堤《えんてい》がある。大水が出ると流失する造りではあるが、人為的に水止めがなされている。このメンテナンスを行なっているのが東電で、さらに観光客のいない十、十一月には、もう二十年以上にもわたって浚渫《しゅんせつ》を繰り返している。

私が初めて北アルプスを体験した昭和二十九年のときには、この発電道路を原形とした梓川《あずさ》渓谷の急崖沿いの一車線の道を、バスは松本から三時間近くをかけて沢渡まで入り、そこで三十分ほどエンジンの冷却タイムをとってから、さらに一時間以上、悪路を走ってようやく上高地へたどり着いたものだ。松本から五時間弱の行程だった。それでも北アルプスの紹介者として知られるウォルター・ウェストンらが徒歩で辿った徳本《とくごう》峠越えのルートが、島々《しましま》から八、九時間かかったことを思えば、ずいぶんと楽になっていた。ただ、そのころの道路は各所で決壊、崩落を繰り返し、車の転落事故も度々あって、バスに乗るにも勇気がいった。

上高地線が、現在の形に近い、トンネルの連続するまずまずの安全路に変身したのは、梓川の第二次電源開発で安曇《あずみ》発電所（奈川渡《ながわど》など関連三ダムで総発電量九十万キロワット）が完成した昭和四十四年以降のことである。この電源開発工事に引き続いて、国道一五八号線の改良工事が行なわれ、松本から車で一時間半足らずで穂高《ほたか》岳を仰ぐ上高地へ入れるようになった。

現在、電力供給は火力、原子力が中心となり、全発電量に占める水力の割合は一〇パーセント程度になったが、明治十年代に電気がもたらされてから長い間、発電の主役は水力だった。

北アルプスについていえば、上高地の梓川に限らず、中房《なかぶさ》の谷も、高瀬《たかせ》川、黒部《くろべ》川も、あるいは薬師《やくし》岳への登山口、有峰《ありみね》や、岐阜の飛騨川上流の益田《ました》川の朝日村から乗鞍《のりくら》岳、御嶽《おんたけ》への道も、いずれも電源開発が契機となって、奥地への入山路が開かれてきた。

南アルプスでも、山梨県側の広河原《ひろかわら》や奈良田《ならだ》へ入る早川の源流域、静岡県側の畑薙《はたなぎ》湖、井川湖を生んだ大井川上流の登山口も、やはり電源開発にともなうダム建設の工事がきっかけであ

水系別包蔵水力（上位 30 水系）

順位	水系名	包蔵水力	既開発 工事中	未開発
1	木曾川	11,146	8,248	2,898
2	信濃川	10,556	7,641	2,915
3	阿賀野川	9,033	6,925	2,108
4	利根川	6,643	5,020	1,623
5	天竜川	6,605	4,897	1,708
6	神通川	5,489	3,922	1,567
7	黒部川	4,694	3,477	1,217
8	庄川	4,186	3,568	618
9	富士川	3,407	2,583	824
10	大井川	3,091	2,586	505
11	石狩川	2,919	1,559	1,360
12	九頭竜川	2,554	1,842	712
13	新宮川	2,288	1,387	901
14	最上川	2,215	885	1,330
15	十勝川	2,102	1,428	674
16	常願寺川	2,074	1,820	254
17	手取川	2,060	1,627	433
18	北上川	1,889	1,207	682
19	姫川	1,747	1,469	278
20	淀川	1,407	874	533
21	吉野川	1,385	890	495
22	江の川	1,360	605	755
23	太田川	1,279	1,100	179
24	雄物川	1,198	699	499
25	矢作川	1,156	654	502
26	阿武隈川	1,148	542	606
27	耳川	1,145	943	202
28	球磨川	1,088	648	440
29	仁淀川	1,069	868	201
30	筑後川	1,038	867	171

［注］木曾川は長良川，揖斐川を含む。　(10^6kWh)
（平成 11 年現在，東京電力調べ）

った。主要な山々へのアプローチは、登山者の多くはあまり意識していないだろうが、電発道路をたどっているのである。

これ以上の開発は登山の野趣をそぐ

しかし、電源開発もほぼ限界に達しつつあるようである。

別表を見ていただければ明らかなように、その川が潜在的に持っている、いわゆる包蔵水力の多い上位十の河川だけを見ても、七〜八割方の開発を終えているか、あるいはすでに着工していて、これから新規の大工事を控えている電源開発はあまりない。

当然のことだが、水力発電所の適地条件は、まず豊富で一定した水量があり、ダムからの有効落差が大きく取れることである。さらに建設費の面から、水路延長の距離、消費地までの送電線の距離が短いこと、などを電力会社は勘案する。

明治初期の開発から百年余、そんな水力発電適地は、ほとんどなくなったといってもいい。そこで試みられ始めているのが、奥只見のようなケースである。発電設備を増設して、電力需要の多い時間帯に備え、瞬間発電量を増やそうという対策を講じる時代に移行しようとしているのである。

考えてみれば、山へ入るのに今以上の利便を整えることが、かえって登山の野趣をそぐ山域は少なくない。また、ダムを造ることによって、黒部渓谷の核心部分が水没したように、秘境の風情、渓谷の美しさ、原始的な自然が失われてきたことも確かである。

最近は、発電ダムにしろ、利水、治山ダムにしろ、長期的にみると生態系や水質など環境面にマイナス効果をきたすことが指摘され始めた。その象徴的な出来事として、長野県では田中康夫知事が「脱ダム宣言」をして論議を沸騰させている。

私たちは、快適な生活、便利な暮らしと引き換えに、あまりにもダムを造り過ぎたきらいがなくもない。

2　黒部の三つの歩道

人柱の上に出来上がった黒部の歩道

黒部渓谷の秋の訪れは、意外に遅い。

十一月に入って、見上げる立山や後立山《うしろたてやま》の峰々が白く雪化粧をしても、黒部ダム下流の絶壁が二十余キロも続く深く峻険な谷筋、いわゆる下《しも》ノ廊下《ろうか》は、鮮やかな錦の帯をしめたままである。黒部ダムの湖面の標高は千四百メートルを超えるが、ダムの直下は千二百メートル強、ずうっと下って〝トロッコ鉄道〟の終着駅、欅平《けやきだいら》では六百メートルになる。信州の平均的な山里の標高とそれほど変わらない。

それにしても、黒部のこの見事な渓谷美を私たちが容易に味わえるのは、旧日電歩道と水平歩道の開削と維持があればこそ、ここを通るたびに思い知らされる。容易に、といったが、今でも「歩く」というより「へつる」と表現した方がぴったりくる山道だ。垂直の岩壁を削り込み、ワイヤーを張り、所によってはボルトを打ち込み、黒部の激流に落ち込んでいる雪渓の下にはトンネルを通す。足下には、十メートルから百メートル余の懸崖《けんがい》が黒々と広がっている。

しかも、たっぷり二日の行程である。

黒部峡谷の開発史をひもとくと、それはほとんど人柱の上に出来上がったルートといってもいい。大正九年（一九二〇）に、アルミニウム製造のための電源を求めて東洋アルミナムが水利権を得てこの峡谷に分け入ったのが、開発の皮切りだった。しかし、東洋アルミナムは発電所を建設するまでには至らず、同十四年、国策会社の日本電力に開発は引き継がれた。その後、日本電力は、下流からと、上流の現在の平《たいら》ノ小屋から下流に向けて、双方向から道づくりを始め、昭和四年（一九二九）、欅平―平ノ渡しの間に細々とした道が通った。欅平―仙人谷ダム間を水平歩道、仙人谷ダム―黒部ダム間を日電歩道と呼ぶのは、当時の呼称である。

道が開通したとはいえ、すき間だらけの踏み板や丸太を絶壁から垂らしたワイヤーで吊った、足がすくむような桟道《さんどう》が随所にあった。黒部渓谷の探検と黒部周辺の山々へのパイオニア的登山で知られる冠《かんむり》松次郎氏が活躍したのは、まさにこの時代だが、文字通りの秘境、黒部は、まだ一般登山者が足を踏み入れられるルートではなかった。

ルートの改良が進んだのは、昭和十一年から始まった日本電力の黒部第三発電所建設工事に負うところが大きい。仙人谷《せんにん》にダムを造るこの工事のため、工事用資材や作業員の食料などを、欅平から十三・六キロ奥の仙人谷まで、人の背で運ばなければならなかった。

集められたボッカ（強力）たちは、一人平均十三貫（約四十九キロ）を担いだという。運んだ重さで賃金が決められる仕組みになっていたため、より多く運ぼうと平均重量を超えて担ぐボッカもいた。だが、彼らを待っていたのは、想像を絶する険路だった。ボッカの転落事故が相次いだ。工事が一応の終わりを見るまでに、数十人のボッカが黒部川の激流に飲み込まれ、そのまま遺体が見つからない者もかなりいたという。

工事を進める日本電力も、相次ぐ事故に安全対策をとらざるを得なくなった。工事の途中で、幅六十センチだった道を一メートルに広げる改修を行ない、固定ロープの補強など、事故を防ぐ対策をとった。

しかし、工事の行く手を阻むものは、ボッカたちの転落事故だけではなかった。大雪崩による飯場の流失、高い地熱の中を掘り進む灼熱のトンネル掘削、坑内の落盤事故など、工事は予想もつかない事態にいく度も襲われた。こうした苦闘の末、黒部第三発電所が完成したとき、失われた犠牲者はすでに三百人を超えていた。時はまさに日中戦争の最中、戦時下の国策事業の凄まじさを見せつけた工事だった。

下ノ廊下の旧日電歩道

黒部立山アルペンルートの開通

黒部が現在のようなルートになるまでには、もう一つの大工事があった。石原プロ製作、石原裕次郎主演で知られる「黒部の太陽」で映画化され

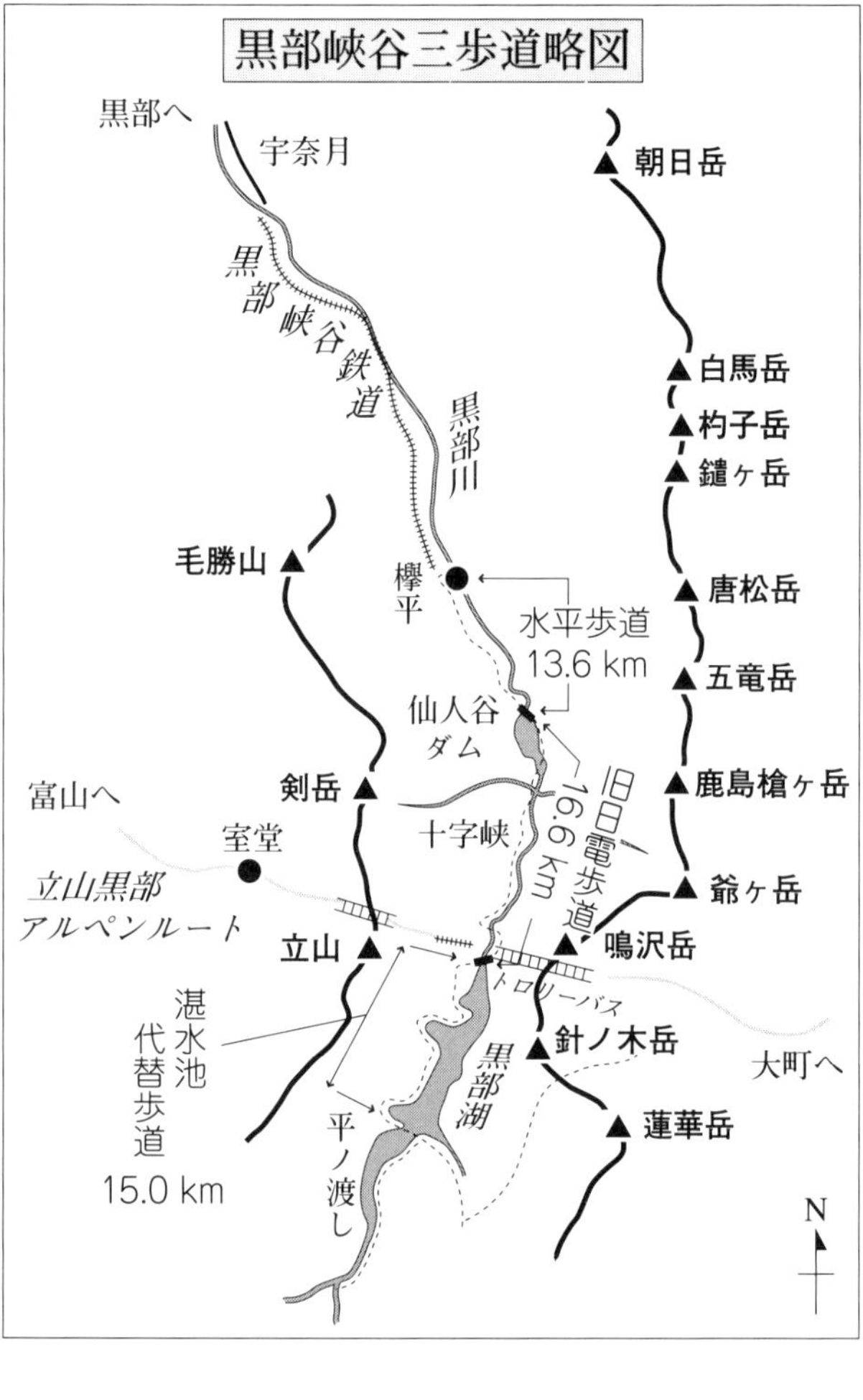
黒部峡谷三歩道略図
黒部へ
宇奈月
黒部峡谷鉄道
黒部川
朝日岳
白馬岳
杓子岳
鑓ヶ岳
毛勝山
欅平
水平歩道
13.6 km
唐松岳
五竜岳
仙人谷
ダム
剣岳
鹿島槍ヶ岳
富山へ
旧日電歩道
16.6 km
十字峡
室堂
爺ヶ岳
立山黒部
アルペンルート
立山
鳴沢岳
トロリーバス
湛水池
代替歩道
15.0 km
針ノ木岳
大町へ
黒部湖
平ノ渡し
蓮華岳
N

た、黒部第四発電所の建設工事がそれである。

戦後、日本の電力会社はＧＨＱ（連合国軍総司令部）の指令で分割再編されたが、この世紀の大工事、黒部第四発電所建設は関西電力が主管となって進められた。第三発電所工事のときから時代は移り、ボッカの背に代わってブルドーザーとダンプカーが主役となり、後立山連峰の山腹を貫いて数々のトンネルが掘り抜かれた。

工事資材搬入路の基地になった信濃大町側から黒部側へとトンネルを穿つこの工事の最大の難関は、岩層の何カ所かがもろい破砕帯となっている地層の突破だった。掘り進もうとしても次々に岩屑が崩れてきては大出水を繰り返し、前進を阻む。この破砕帯との遭遇と突破が、世紀の大工事のハイライトであった。

昭和三十八年、困難をきわめた工事も終わりを告げるときがきた。黒部渓谷に日本一の堤高百八十六メートルを誇る巨大なダムが出現した。有効貯水量一億五千万トンの黒四《くろよん》ダムである。大町側の扇沢《おうぎ》から黒四ダムへと抜けるトンネルは、その後、立山の室堂《むろどう》と結ばれ、「立山黒部アルペンルート」として日本の代表的な山岳観光コースとなった。

最近はその人気にやや陰りが見えるものの、それでも年間で、関電トロリーバスによると、上り下りそれぞれ五十万人からの人々が訪れているという。この中には、登山者も相当数含まれている。

とびきり高い歩道の維持費

黒部開発にあたっては、関西電力と、当時、国立公園を所轄していた厚生省国立公園部との間で、黒部渓谷の歩道の維持、補修に関して協定（関西電力の誓約書）が取り交わされている。その骨子は、次の三点である。

①黒四ダムによって水没する東沢出合い―黒四ダム間に、湛水池《たんすいち》代替歩道（約十五キロ）をつくり、その下流の黒四ダム―仙人谷ダム間の旧日電歩道（十六・六キロ）とともに、関電が維持、補修に当たる。

②平ノ小屋―針《はり》ノ木《き》谷間の吊り橋に代えて、登山シーズン中（六月二十日―十月三十一日）は、無料の渡し船を運行する。

③仙人谷ダム―欅平間の水平歩道は、黒三ダムなどの送電線巡視路として維持する。

つまり、平ノ渡しから欅平までの全ルートは、関西電力の責任で維持、管理が義務づけられているのである。

黒四ダム完成後、ダムがもたらしたプラス面を評価する声に対して、ここ十数年の傾向として自然破壊につながるなどのマイナス面も指摘されるようになったが、電力会社の営為が、黒部渓谷を登山者に開放するベースになったことだけは確かである。もっとも、サイドビジネスとして観光に着目し、有料として始めた扇沢―黒四ダム間のトロリーバスや宇奈月《うなづき》―欅平間の〝トロッコ鉄道〟の運賃には、「高い」とする声がないわけではない。

積雪が多く、シーズンのたびに雪崩などで決壊、損傷を繰り返す三つの歩道の維持は、他の山の一般登山道と比べても、その出費はかなりかさむようだ。関西電力によると、巡視路扱いの水平歩道と平ノ渡しの渡船費は別にして、旧日電歩道だけで平成十年（一九九八）の実績で約五千四百万円かかったという。しかも、これが毎年である。

三歩道の開通の日にちは、その年の残雪しだいなので、年によって大幅に異なるが、水平歩道と代替歩道はおおよそ八月初旬からである。だが、難所と残雪の多い旧日電歩道は、九月にずれ込む年も少なくない。平成六年は十月八日だったし、同八年はついに未開通だった。しかも、根雪《ねゆき》のくる十一月中、下旬には閉鎖されるから、その開通期間は極めて短い。

年間どれくらいの登山者が利用しているのか、その数字は詳《つまび》らかではないが、考えようによっては、とびきり高い維持費だともいえよう。

登山者冥利《みょうり》につきるとは、黒部渓谷の錦繍《きんしゅう》の秋の贅沢きわまりない探索なのかもしれない。

3　送電線巡視路

カラスとの闘い

夕日山、もしくは夕日岳という名の山は少ないが、朝日、または旭のつく山は全国に十余りある。いずれも二〇〇〇メートル前後の高さを有し、それぞれの土地で名峰とされている山が多い。

その日は、谷川《たにがわ》岳を展望するのに絶好の山とされる群馬県の朝日《あさひ》岳（一九四五㍍）を、越後側から清水《しみず》峠越えで登る予定であった。ところが、里の清水集落を抜けるあたりから、雨がぽつぽつ落ちてきた。梅雨時の上に、台風も近づいていた。さてどうしたものか、と思案しつつ謙信《けんしん》尾根に取りついてみたところ、登山路がよく整備されている。

しばらく登って行くうちに気がついたのだが、登路の尾根に沿って送電線の鉄塔が五つ、六つ……と、目指す清水峠のほうへ連なっている。なるほど、登山路は送電線の巡視路も兼ねているのだ。

峠に登り着くと、ガスの中に三階建てほどにも見える大きな建物が浮かび上がった。山小屋か、と一瞬思ったが、近づいてみると、それは無人の送電線監視所だった。地図にある白崩《しろくずれ》避難小屋は、そこから百メートルほど先のところに、小ぢんまりと建っていた。小屋で雨が小止みになるのを待って、池塘《ちとう》の点在する朝日岳山頂まで往復した。帰路に不安のない登山道であることを確認しているからこそ、ガスと雨の中でも強行できた〝ピストン〟登山だった。

送電線は全国各地で、主に里山をつなぐ形で張り巡らされている。朝日岳からもどって調べたところ、清水峠の送電線はＪＲ東日本のものだと判明したが、送電線のあるところ整備された登山道あり、と考えてまず間違いはない。

電力会社によると、送電線の見回りは年々強化される方向にあるという。その理由は、なんとカラスだという。カラスが鉄塔の碍子《がいし》をまたいで巣を懸けることがあり、その巣作りに木の枝やワラだけでなく、最近ではクリーニング店が使っている細い針金のハンガーをくわえて来るそうなのだ。これが困りもので、風に吹かれるなどしてずり落ちれば、送電線をショートさせ、停電の原因になりかねない。ひと度、送電線で停電が引き起こされれば、その社会的影響は甚大である。

という次第で、電力会社は送電線を定期的に点検して回ることになる。そのためには、巡視路の

NTTの巡視路。紀伊・行仙岳で

維持と整備が欠かせない。ジュラルミン製のはしご、硬質ゴムを使用した階段、その他にも工夫された用材を随所に使った道は、自然歩道とは比べ物にならないくらい、歩きよい。「風が吹けば桶屋《おけや》がもうかる」の現代版、「カラスが増えると登山道はよくなる」ということになる。

ＮＴＴの無線中継所への巡視路も整備がいい。

東京電力では、年に一回巡視路の除草をし、四回の点検を行なっている。中部電力も、東電とほぼ同じペースで、除草は、道の両側を幅一メートルにわたって行なうが、熊笹地帯は二メートルにしているという。定期的な点検によって、管内の長野県下だけでも、年に数百の単位でカラスの巣を発見するそうである。

お気づきの方も多いだろうが、送電線は二万五千分の一の地図と照合すれば、現在位置を確認するのに極めて有力な手がかりとなり、分かりにくい里山やヤブ山を歩くときには、もってこいの目標物になる。各鉄塔のナンバー標識も正確である。

より高く、より高い場所へ

電気はなくては困るが、送電線は嫌われものでもある。

景観をそこね、市街地などでは送電線周辺の土地評価にも影響する。そのため建設に際し、地元の了解を取るのに苦労をするケースが相次いでいる。

地勢や距離の制約を受けるから、特定の場所に送電線が集中しがちだという問題点もある。電気のサイクル（ヘルツ）数が異なる東、西の電力補給交換施設がある長野県塩尻市などは、その典型であろう。電力会社はこうした送電線の直下の地主に「線下補償」をしているが、地元では遠い大都会の文化的生活のために、なぜ自分たちが犠牲にならなければならないのか、という不満の声は根強い。

あれやこれやで、電力会社側も送電線のルートを従来より一段と高い山間地に選定したり、鉄柱をより高くして各鉄塔間のスパンを広げて鉄塔の数を減らすなどの対策を講じている。あるいは送電ロスを少なくするため、五十万ボルトの超高圧線に取り替える対策をとり始めている。場所によっては、鉄塔の高さが百メートル、隣の鉄塔との距離が五百メートルを超える送電線も現れた。

送電線建設は、車道を開設したり、ヘリを大動員しての工事だけに、送電線一キロ当たりの建設費は五、六億円といわれている。それだけに延長距離があまり長くなると、発電所の本体工事の費用に匹敵してしまうこともあるという。

より高い山間地へ鉄塔を退避する傾向があるとはいえ、経済性やメンテナンスの関係から、自ずから限界がある。

私の知る限り、高所鉄塔が最も多いのは東電の西群馬幹線ではないかと思う。この送電線は、山梨の瑞牆《みずがき》山（二二三〇㍍）の西方から長野県川上村に入り、御座《おぐら》山（二一一一㍍）の東を越え、上信県境沿いに群馬県松井田町へ抜ける。それぞれの山稜の低い部分を通っているので正確な標高は分からないが、川上村の御陵山《おみはか》（一八二二㍍）では、頂上近くの尾根に立つ鉄塔めがけて登ったことを記憶している。川上村側からその鉄塔までは、廃プラスチック材を活用した立派な巡視路が通っていた。

地域にもよるだろうが、送電線の最高通過地点は千六〜七百メートル前後だと思われる。だから、清水峠で見た送電線は、かなり高い方である。

信州には送電線が縦横に走っているが、その巡視路を利用して登れる山としては、二《ふた》ッ山（一八二六㍍）、戸谷峰《とや》（一六二九㍍）、金松寺山《きんしょうじ》（一六三一㍍）、鍬《くわ》ノ峰（一六二三㍍）などが挙げられる。塩尻市は〝送電線銀座〟だけに霧訪山《きりとう》（一三〇五㍍）から大芝山《おおしば》（一一二〇㍍）―洞《ほら》ノ峰（一一九九㍍）にかけての里山は、巡視路歩きといっていい。あまりなじみのない山々だが、東京近郊にあったら登山者が列を成しそうな景観に恵まれている。

この他には、高さはそれほどではないが、筑摩《ちくま》山地の御《お》鷹《たか》山（一六二三㍍）、大洞山《おおぼら》（一三二五㍍）など、なかなか趣のある里山も、巡視路を一部使って、その頂きに立てる。

4　登山道と林道

併用と専用がある林道

林道を経由しないで登れる山は、ひと昔前に比べると激減した。マイカーでかなり奥まで入れる山もあれば、林道の入口で無情にもゲートが閉まっていて、そこから延々と曲がりくねる味気ない砂ぼこりの道を歩かされることも多い。いずれにせよ、現代登山と林道のかかわりは、深田久弥先生が百名山を登った時代とは比較にならないほど深くなっている。

山に登る側からすればどこも同じに思える林道だが、国有地なのか、民有地なのか、地元の集落が地主になっている財産区のものなのか、そこを管理する側からすると形態はさまざまである。さらに林道開発の経緯や、その安全性、地元の観光への配慮など、権利や思惑が複雑に入り組んで、林道によってはその開放や通行に規制が施行されているところがある。この辺の事情は、地元に住まない登山者にとっては、なかなか理解しにくい問題であろう。

まず、国有林の場合、併用林道と専用林道とに大別される。併用林道は、国有林のほかに地元自治体所有地や民有地を通って開設されたものが多く、当然、林業だけが目的ではなく、いわば多目的道路として、地元との協定で原則的に開放される。これに対し、専用林道は一般車の乗り入れ禁止が建前である。

しかし、特別な事情がある場合は、専用林道も利用させてもらえる。例えば①沿道に居住する人、②林産物の輸送や沿道の工事に従事している業者、③国や公共団体の工事に当たる作業員の輸送、④緊急車両、⑤その他、周辺の調査、研究をする者——が該当する。

県有林や財産区林、個人がからむ民有林の林道となると、原則はない。開放している林道もあれば、乗り入れ禁止や有料としているケースもある。また、地域や山域によっても相違があるようだ。

長野県の林道は全国の高速道路より長い

林道は、ブルドーザーとダンプカーに代表される大型機械による産物だといってもいいだろう。

木材の搬出は、明治期に入っても江戸時代とさして変わらず、沢や川の流水、雪とソリ、それに「修羅《しゅら》」と呼ばれる木造滑道（丸太を並べてその上を木材を滑らせる仕組み）を利用して行なわれていたが、大正期に入ってからは、森林鉄道にその座を譲った。その森林鉄道用地の多くが、昭和三十年（一九五五）代以降、こんどは林道に変身したばかりか、トラックは急カーブ、急勾配をものともしないとあって、林道の開発にいっそうの拍車がかかった。

全国の林道の総延長距離は、平成十二年（二〇〇〇）には十二万八千キロに及んだ。そのうち、南アルプスや奥鬼怒《きぬ》など、建設をめぐって賛否に意見が割れたスーパー林道は千百八十キロを占めている。

林道と一口にいっても、今ではスーパー林道より高規格の舗装二車線の大規模林道も登場しているが、大半は土をならした程度の未舗装道路である。

中部森林管理局の管内では、旧長野営林局の所管する国有林道だけで、六百八路線、総延長二千二百十七キロある。この他に長野県内の県や市町村、財産区の林道が千八百七十二路線、四千六百九十八キロある（長野県調べ）。長野県だけで、ざっと七千キロの林道があることになる。ちなみに、国内の高速道路の開通総延長は、平成十二年末現在で六千七百四十キロである。

日本全国で驚くほどの林道を開発してきたことが窺える。ここ数年は、伐採する樹木が底を突いてきたせいか、新たな林道開設は停滞気味だが……。

北海道の林道はほとんど乗り入れ可

登山者の気持ちとしては、林道がもともと「ない」なら不満もないが、「ある」なら、車を使わせてもらいたいというのが人情だろう。ましてその林道が整備されていて、乗り入れ許可を得た車が時として、コネを働かせたと見られる登山者たちを乗せて、砂ぼこりを上げて追い抜いていったりすると、憤懣やるかたない気持ちにさせられる。実際、こういう不愉快な場面は、あえてどこと特定しないが、よく遭遇する。

私が知る限りでいえば、北海道の山は奥地の登山口まで、三十分、一時間近い林道の車利用を認めているケースが多いように思う。幌尻《ほろしり》岳（二〇五二㍍）は、額平《ぬかびら》川ルートだと林道終点の五、六キロ手前にゲートがあるが、それでも車は二十キロほどを使える。狩場《かりば》山（一五二〇㍍）、天塩《てしお》岳（一五五八㍍）、斜里《しゃり》岳（一五四五㍍）、余市《よいち》岳（一四八八㍍）なども林道の車利用ができる。

東北は、白神《しらがみ》山地の一部で車の規制はあるものの、だいたいは利用可と思っていいだろう。朝日連峰の以東《いとう》岳（一七七一㍍）、祝瓶《いわいがめ》山（一四一七㍍）、それに月山《がっさん》（一九八四㍍）、尾瀬の北側にある帝釈《たいしゃく》山（二〇六〇㍍）は長い林道だが、歩かなくてもすむのは助かる。

四国も、三嶺《みうね》（一八九三㍍）、瓶《かめ》ヶ森（一八九六㍍）などは、林道を車で奥まで入れる。九州は、国見《くにみ》岳（一七三九㍍）、傾《かたむき》山（一六〇二㍍）などが、道はよくないものの、車の規制はとくにない。

では、誰もが気になる、北アルプスではどうか。

北アルプスは山容も険しく、国立公園の保護区域指定などが多いこともあって、当初から木材生産林はきわめて限られた範囲だった。そのため林道も意外なほど少ない。

上高地から横尾《よこお》の手前までの治山林道、岐阜側では新穂高温泉からワサビ平や白出《しらだし》小屋あたりまでの同じく治山林道が乗り入れ禁止となっているが、普通の林道で乗り入れ禁止なのは、鹿島《かしまやり》槍ヶ岳の西股出合まで、鉢盛《はちもり》山（二四四六㍍）や里山の範疇に入る金松寺山天狗《てんぐ》岩（一九六四㍍）への林道くらいであろう。

小谷《おたり》村の風吹《かざふき》大池登山口への林道をはじめ、燕《つばくろ》岳や常念《じょうねん》岳への道は県道や町道、村道指定になっていて、ほとんどの山が奥の登山口付近まで入れる。

合点が行かない南アの林道

登山者の立場からみて合点が行かない林道が多いのは南アルプスだろう。

北アルプスと並んで日本の代表的山脈である南アルプスは、山容がたおやかで林道を造りやすい。その上に、森林が山脈全体をおおい尽くしているといっても過言ではない状態なので、パルプ会社などが早くから目を着けるところとなり、大井川源流などで盛んに伐採が続けられてきた。林野庁も、北端の入笠《にゅうがさ》山（一九五五㍍）から延々と南端の池口《いけぐち》岳（二三七六㍍）に至るまで、稜線の周辺はともかく、かなりの規模で伐採を行なってきた。山梨側の県有林開発も目立っている。

その結果、南アルプスには、一路線で二十キロを超えるような長距離林道が各所にある。にもかかわらず、その多くが、一般車通行禁止だったり、専用リムジン限定だったりしている。

森林や沢筋の深遠な雰囲気を味わいながら登下山するのは、山の醍醐味の一つである。しかし、長い平坦な林道を、張り出した尾根の鼻を何度も何度も回り込むように歩かされるのは、なんとも味気ないものだ。

例えば、上村のしらびそ峠から大沢《おおさわ》岳（二八一九㍍）の登り口までは約四時間かかるし、大鹿村の奥茶臼《ちゃうす》岳（二四七四㍍）も、十四、五キロ歩いてやっと登山口という山である。百名山人気で一躍名を知られるようになった光《てかり》岳（二五九一㍍）は、奥深い山頂に立って、いざ寸又《すまた》峡《きょう》のほうへ下ると、寸又峡温泉まで三十キロはあろうかという林道歩きのアルバイトを覚悟しなければならない。

北沢峠（二〇三一㍍）を越える南アルプス・スーパー林道は、自然保護論争の末に、昭和五十四年（一九七九）に開通、翌年から山梨、長野の両側から地元村営のリムジンバスが峠への乗り入れを始めた。最近は年間の利用者数は各四万人程度と、やや減少気味で、両者の第三セクターの経営は苦しいようだが、まずは定着したといえよう。

畑薙湖と、その奥にある二軒小屋《にけんごや》ロッジの間でもリムジンが運行されているが、これは付近一帯を開発した製紙会社の系列の東海フォレストが経営するバスで、系列の小屋に泊まることが乗車の条件となっている。宿泊料に三千円の乗車賃がプラスされる、ということだ。同社によると、それでも小屋や林道の維持費の捻出は苦しいという。

林道とは異なるが、有料の山岳観光道路の存在も、運賃を支払わなければならない登山者の心理を一層複雑なものにしている。

こうして見てくると、林道は各地各様である。車の乗り入れを許可、黙認するか、あるいは規制・禁止するかは、それぞれの林道建設の経緯や事情があることは十分察せられる。乗り入れ禁止とする理由の一つに、車の転落事故や落石などによる被害が発生した場合の責任、ひいては被害に遭った側から損害賠償を請求される懸念があることは否定できない。こうした事故や被害についての判例やガイドラインがないといってもいい現状では、林道の開放を躊躇するのも理解できないではない。

しかし、例を挙げれば、整備のよく行き届いた南アルプス・奥茶臼岳への林道が、そういう事故、被害を想定しなければならないような範囲の道に含まれるものなのか。林野庁は森林の伐採を主目的にしていた存在から、管理を前提に森と人との触れ合いや自然環境の保全を主務とする役所に大胆な変身を図ろうとしている。これを機に、既設林道の利用についても、新たな視点で見直されてもよさそうに思えるのだが。

第六章　山の環境保全について

1　し尿処理への挑戦

槇有恒さんの捨てて行った缶詰？

若い頃、穂高《ほたか》連峰の岳沢《だけさわ》で清掃登山をしたことがある。もうかれこれ二十四、五年も前のことである。

岳沢といえば、上高地《かみこうち》の河童《かっぱ》橋の上から見て、西穂高、奥穂高、前穂高、明神《みょうじん》岳に抱かれた大きな沢だが、ゴミ集めをやってみると、あること、あること、魚やら果物やらの空き缶が。一時間ほどの間に、ビニール袋だったか、金網だったかの記憶は定かではないが、用意した大きな袋が、瞬く間にいっぱいになった。

「これ、槇さんの缶詰じゃないか」

清掃を一緒にやっていた仲間の一人が素っ頓狂な声をあげた。槇有恒《まきありつね》さんといえば、慶応大学山岳部の草創期に活躍し、ヨーロッパアルプス・アイガーの東山稜初登攀《とうはん》の記録を持つ伝説のアルピニスト、日本山岳会のマナスル遠征隊の総指揮をとった山岳界の重鎮である。

「えっ？」

と怪訝《けげん》な私に、確か中部山岳国立公園のレンジャーだったHさんがいった。
「冗談、冗談。でも、槇さんが北アルプスを登っていた時代には、缶詰の一つや二つ捨てて行ったって、何の問題もなかったよ」

一人一日約一リットルのし尿が……

昭和五十年（一九七五）代ごろまで、登山道の脇はもちろん、山の休憩場にはゴミが散乱していた。しかし、最近は、北アルプスもそうだが、全国どの山域へ行っても、ゴミがめっきり減ったことに驚かされる。登山者の一人一人が、自分のゴミをビニール袋などに入れ、持ち帰る光景は当たり前になった。

そうした登山者個人の、大袈裟にいえば「意識改革」が進んだこともさることながら、長年ゴミの山に悩まされてきた山小屋のゴミ処理のノウハウも、すっかり軌道に乗った感がある。

当然のことだが、ゴミは人の数に正比例して増える。しかし、いくら大衆登山の時代になっても、登山者個々がその気になりさえすれば、山を汚さないですむ。そんな思いを抱くようになったが、一つだけ気になっていたことがあった。山のし尿問題である。

登山者が用を足すことによる汚れは、昔から潜在的な問題ではあったろうが、百名山登山ブーム、中高年登山ブームで、富士山や槍《やり》ヶ岳、穂高岳に代表される人気の山へ登山者が集中することもあって、美観や臭いなどの問題に加えて、もっと深刻な水質汚染の問題が顕在化してきた。

正確に調べたわけではないが、各山小屋の話や公衆トイレの実情から判断して、登山者一人の一日平均のし尿は一リットル前後と考えられる。ということは、年に二万人の登山客が泊まる小屋は、約二十トンのし尿処理をしなければならないということになる。時期によっては、テント組と合わせて一日三千人も滞留する穂高連峰の涸沢《からさわ》では、一日だけで三トンも排出される計算になる。

夏の富士山は、さらに大量である。富士山の登山者は、年間でざっと三十万人といわれており、山梨県観光課がカウントしたところ、一番人気のある富士吉田口コースでは、平成十二年（二〇〇〇）の七、八月の二カ月で十六万六千人の登山者を記録した。

雪が消えると、富士山は水のない山になる。日本で最も高い山だけに、その気象条件も厳しく、一般登山者の入山は、夏山開きで山小屋が開く七月、八月の二カ月に集中する。山梨県側だけで約三十軒ある山小屋（売店）は、シーズンが終わると早々に小屋をたたむ準備に入る。その中で大きな比重を占める仕事が、ひと夏で溜まったし尿の〝放流〟である。

ためておいた雨水や、噴火口の万年雪の融雪から汲み上げた水を使って、それぞれの小屋がトイレ掃除をする。その結果、山肌にはトイレットペーパーが混じった、幾筋もの帯ができ、薬剤とし尿の混合した猛烈な臭気が漂うことになる。一部に「富士山を世界遺産の一つに」という声も聞かれるが、こうした実情を目の当たりにすると、「?」マークがつくと思うのだが。

「九月の富士山には登りたくない」という山岳通もいるほどである。

「山のトイレ・シンポジウム」発足

そうした富士山の実情を見かねて、平成十年、「山のトイレ・シンポジウム」が山梨・甲府市で開かれた。同じ趣旨のシンポジウムが、翌十一年、松本市で信濃毎日新聞社の主催により、山小屋経営者や行政機関の代表者たちを幅広く集めて開催された。私も関係者の一人として参加した。平成十三年五月にも世界山岳都市会議の一環として、やはり松本市で、二日間にわたり開催された。

自画自賛ととられるかも知れないが、主催したシンポジウムも含め、信濃毎日新聞が平成十年から十一年にかけて、一年にわたって展開した「待ったなし　北アのし尿処理」と題するキャンペーンの反応は大きかったと思っている。環境庁（当時）が早速、平成十一年度補正予算で山のトイレ改善補助として一億円を計上し、長野県五軒、富山県三軒、岐阜県、山梨県各一軒の山小屋がその対象となった。それぞれの山小屋は、翌十二年中にはトイレの改善を終えた。環境庁はその後も、ほぼ同じペースで山のトイレの改善を進める方針でいる。

とはいえ、山のし尿処理はそう簡単に解決できる問題ではない。まず、それぞれの山、各山小屋の立地が異なっているため、画一的に推し進めるわけにはいかないからだ。いわば極限の地での運用となるから、平地での技術をそのまま適用できない難しさがある。また、し尿処理が技術的に可能だとしても、零細経営の多い山小屋にとっては、費用対効果の面から採用しがたいケースもある。やっと緒についた「山の環境元年」だが、早くも技術、行政の両面で新しい局面に突き当たっているといったところである。

トイレ改修に積極的な富山県

各県、各地で行なわれているし尿処理対策は、具体的にはどのようなものなのか。その一部は次のようなものである。

〔山梨県〕

南アルプス・北岳《きた》の北岳山荘の一郭に、平成十二年秋、十五基の公衆トイレを設置した。総予算は一億三千八百万円（うち二分の一は国庫補助）。炭チップを使用したバイオ式のし尿処理だが、なにせ標高三〇〇〇メートル近い稜線直下の場所だけに、このバイオ式がうまく機能するかどうか、注目されている。

南アルプス・北沢峠に近い芦安《あしやす》村村営の長衛《ちょうえい》小屋にも、環境庁の補助第一号で簡易循環式公衆トイレが設置された。平成十三年の夏山では、静岡県と合同で、一千万円を投じて富士山八合目あたりに一万五千人から二万人の利用を想定して実験的な仮設トイレの設置を予定している。今のところ、循環式とバイオ式（おがくず使用）の二通りを採用する見込みである。また、北岳の大樺沢《おおかんば》に県と村と折半で、年一千万円を投じてシーズンオフにはヘリで撤去できるトイレを仮設する。

〔富山県〕

立山《たてやま》一帯にある県が設置した公衆トイレは、そのタンクがヘリで吊り上げられるように工夫されていて、下界の汚水処理場へ搬送する方式をとっている。剣《つるぎ》沢、五色《ごしき》ヶ原、薬師《やくし》峠などの各小屋のトイレも、この方式をとっていて、満タンになったタンクから順次、下へ降ろしている。搬送は、だいたい年に一回で、日を決めて集中的に行なっている。ヘリの輸送費は、もちろん県の負担で、三〜五百万円だという。

また、トイレの改修費が二千万円を超えるケースを対象にしている環境庁の補助に該当しない小さな営業小屋に対しては、経費の三分の一を県が補助する制度を独自に設けた（上限五百万円）。その結果、同県内の中部山岳国立公園には、トイレのある施設が五十八軒あるが、そのうち約十軒が、県補助による改修を希望しているという。

富山県がし尿処理に積極的に見えるのは、対象が立山一帯に限られていることにもよるが、中沖豊知事の積極姿勢も影響しているといえそうだ。一《いち》ノ越《こし》にある公衆トイレは平成十三年度に改築される手はずになっているが、これは、それまでの不衛生なトイレがたまたま一ノ越に登ってきた知事の目に止まり、「すぐに直せ」のトップダウン命令による賜物だったのである。そのため山のし尿処理対策の計画が立てやすいことを、県職員も認めている。

〔長野県〕

環境庁の補助初年度分で、北アルプス・常念《じょうねん》小屋、白馬尻《はくばじり》小屋、美《うつくし》ヶ原・山本小屋、鉢伏《はちぶせ》山荘、八《やつ》ヶ岳・白駒《しらこま》山荘の五軒が改修を行なった。その後、後立山《うしろたてやま》の新越乗越《しんこしのっこし》山荘も実施した。長野県はとにかく対象になる施設が多いだけに、県は国への補助申請には大いに協力するものの、基本的には各営業小屋の〝自主改修〟にまつ姿勢をとっている。

長野県環境自然保護課によれば、山岳観光地に県が造った公衆トイレは、完成後、地元の市町村へ委譲する方針に沿って、すでに改修を終えた上高地のトイレは地元の安曇《あずみ》村へ、また美ヶ原、八方《はっぽう》尾根、志賀《しが》高原、軽井沢なども、今後、改修が終わり次第、それぞれの地元に引き渡すという。分かりやすくいえば、山の登山口までは整備するが、本格的な登山のフィールドには手を回せない、ということである。

槍ヶ岳と尾瀬の場合

山稜が同時に県境となっているところは多い。そういう山稜に建っている小屋は、二つの県にまたがっていることになる。戸籍やら納税やらはどうなるのかというと、関わっている面積や小屋主の出身地から配慮するなど、まことに微妙な問題があるのである。例えば、長野、岐阜両県にまたがる槍岳山荘は、事務所などの本拠は松本市、つまり長野県に置いているが、山荘の借地は岐阜側が多く、その扱いは当然のことながら岐阜県となっている。

槍岳山荘をはじめ、槍沢ロッヂ、南岳《みなみ》小屋などを経営する穂苅康治《ほかりこうじ》さんは、小屋主の中でも先陣を切ってトイレの改修に取り組んでいる。槍沢ロッヂでは、平成十年に、嫌気性菌の働きでし尿を炭素やメタンに分解し、浄化された水だけを土にもどす「ＴＳＳ方式」を採り入れ、大きな成果を上げた。

この成功に気を強くした穂苅さんは、標高三〇〇〇メートルの槍岳山荘でも同方式の浄化槽を造ることに決め、岐阜県を仲立ちにして環境庁から千八百万円の補助金を得て、平成十二年秋、総額五千万円の新しいトイレが完成した。補助金以外は自己負担である。

尾瀬《おぜ》沼の東岸にある長蔵《ちょうぞう》小屋、尾瀬沼ヒュッテなどは、地籍上は群馬側ではなく、わずかに福島県に入る。尾瀬沼は、尾瀬の核心部であり、年に四、五十万人ものハイカーが訪れるだけに、し尿対策は湖沼の保護の面からも最重要課題である。

槍沢ロッヂのバイオ式トイレ

そこで考えられたのが、これらの小屋や隣接するビジターセンターのトイレなどを一括して、まず合併浄化槽で処理したものを、パイプラインで一キロ先の沼尻平へ送り、さらにそこから、尾瀬沼の水を取水している東京電力戸《と》倉《くら》発電所の用水路に流し込むという方式である。

寡聞にして私は、上高地と並ぶ〝聖地〟尾瀬の水は人為を加えられることなく、只見《ただみ》川から日本海へ流れ下っているものと思い込んでいた。しかし、尾瀬沼の水は昭和二十五年（一九五〇）から、東電によって発電取水され、片品《かたしな》川を経て太平洋へも注いでいたのである。尾瀬のダム計画が見送られたのは、その後のことである。

ともあれ、尾瀬は環境庁の〝直轄地〟でもあり、し尿対策がスムースに行った部類に入るだろう。尾瀬の見晴《みはらし》地区などでも、尾瀬沼地区と同じように、パイプラインで三条《さんじょう》ノ滝の近くまで処理水を送り、そこから只見川へ排水しているという。

燃焼方式のトイレ

山のし尿処理については、さまざまな試みがなされているが、大別すると、①ヘリコプターを使って搬送する方式、②燃焼方式、③微生物製剤などで分解する浄化方式――の三通りになるだろう。そのうち①や③を採用したいくつかの山小屋からは、すでに述べたように、成果が上がっているとの報告がある。とはいえ、費用対効果の問題や、下界で開発された技術が、小屋のあるような寒冷地で通用するかという懸念と、常に背中合わせである。

②の燃焼方式だが、環境庁が平成八年に実験モデルとして、富士山吉田口七合目に建設した公衆トイレがそれである。建設費二億円、年間の維持費は一千万円かかる。どういう算出根拠があるのか判然としないが、一人一回使用すると千円かかる計算だという。簡単にいえば、溜まった排泄物を軽油バーナーで乾燥させた上で燃焼させてしまう方法だが、問題なのは燃焼さ

せるにはかなり大量の油が必要なことで、費用や大気汚染との兼ね合いもあり、燃焼方式そのものを危惧する声も聞かれる。しかし、燃焼方式を採用した後立山の新越乗越山荘からの報告では、導入した平成十二年、千六百リットルのし尿を処理して灰がわずか三リットルになった――など、実用性が評価されている。

営業小屋にとっては、国や自治体からの補助金が付く道筋は通ったが、装置設備費の半分から三分の二は自腹を切らなければならないのは、決して楽なことではない。経営規模の大きな小屋では、設備も大きくなるわけで、五千万円を超える負担になる、という話も聞いた。

厄介なのは、自分の小屋の宿泊客専用のトイレなら納得もできるが、ただ通過するだけの登山者や、最近増えているテント組への対応まで小屋に押しつけられることである。これでは小屋のほうに抵抗感があっても不思議ではないと思う。

誰もが「何とかしなければ」と

登山者に最も人気のある山の一つ、北アルプスの涸沢では、かねてから公衆トイレを設置してほしいと、強い要望が小屋から出されている。毎年、春のゴールデンウィークになると、カール底の雪原には三、四百張りもの一大テント群落が出現する。二軒ある山小屋の宿泊客も千人を超すが、秋の紅葉シーズンにはさらにその数は増える。当然、し尿も膨大なものとなる。下流の梓《あずさ》川の水質汚染と大腸菌の検出が報告され続け、小屋のみならず、誰しもが「何とかしなければ」と思っている。

しかし、公衆トイレ建設の協議、検討は行なわれているものの、平成十二年末現在、未だ着工には至っていない。長野県は「標高二千三、四百メートルの領域まで手は広げられない」と尻込みし、地主の林野庁は「業務外」との認識なのである。結局、国立公園を所管する環境省が、「緑のダイヤモンド計画」の一環として、平成十三年に着工し、十四年からの使用に供する方向で動いている。

それによれば、総建設費は一億円で、涸沢ヒュッテと涸沢小屋の近くの二カ所にトイレを造る。〝大〟と〝小〟を分別して、〝小〟は現地処理するが、〝大〟の方は汲み取り方式で、溜まったモノはヘリで搬送する計画だ。当初、合併浄化槽や土壌処理方式も検討されたが、岩の多い涸沢では無理との判断から、「汲み取り—ヘリ搬送」を選択するという経緯がある。しかし、このやり方では、その維持、管理に相当の手間と金がかかることが予測される。

そこで考え出されたのが、チップ制などの有料トイレという発想である。しかし、これまでにチップ制などを導入した事例を見ると、徴収率は予定していた額の半分以下、一回当たり四十円前後にとどまっている。料金をどのくらいに設定するかという問題とともに、山に登る登山者の側のモラルもまた問われることになりそうである。登山者の意識改革と、現地の山に深く関わる人々の知恵と努力で、あれだけ汚れていた山からゴミがきれいに消えたことを、この し尿問題でも思い出すべきであろう。

2　滝に見る国有林の姿

田立の滝を拓いた男

田立《ただち》の滝の名は、存外、知られていないようだ。長野県の南端、南木曾《なぎそ》町で木曾川右岸に流れ込んでいる大滝川に、田立の滝はあるが、それは一つの滝の名前ではない。

落差九十六メートルの天河《てんが》滝を主役に、螺旋《らせん》滝、不動《ふどう》滝、素麺《そうめん》滝……と、大小合わせて十を超える、落下する水の競演が、高度差六〜七百メートルを舞台にして、さながら滝の博物館のように展開する。田立の滝というのは、これらの総称である。

信州に長年住んでいる身びいきかも知れないが、世に名高い日光の華厳《けごん》の滝、和歌山の那智《なち》の滝に勝るとも劣らぬ名瀑だと、私は思っている。やや古い話だが、昭和二年（一九二七）に大阪毎日新聞社が催した新日本百景では、堂々の十位に選出されている。

水と花崗岩が織りなす〝動く芸術〟ともいうべきこの田立の滝が世に出るまでには、宮川勝次郎という人物の努力があったことを忘れるわけにはいかない。

宮川勝次郎が生まれた明治時代、田立の滝は、名瀑の多くがそうであったように、雨乞いの滝であった。そういう神聖な場へ観光の道を拓くことは、村人の反撥と抵抗を覚悟しなければならない事業である。しかも、大滝川は険しい懸崖に囲まれ、一個人が僅かな資金と当時の技術で立ち向かえるほど安易な相手ではなかった。

しかし、若い頃、測量技術を学んだといわれる勝次郎の観光に賭ける熱意は衰えることなく、次第に彼の熱意にうたれた若者たちが、勤労奉仕を買って出るようになる。岩を削って桟道を渡し、急峻なところに階段をつくり、「滝見の道」は徐々に大滝川右岸を上流へ延びて行った。そうした気の遠くなるような何年にもわたる奉仕は、ついに滝見の道を完成させ、田立の滝は一般の人でも訪れられる景勝の地となった。

大正に入ると、村人たちにも認知され、滝の保存会が設立された。そして勝次郎が六十八歳で没した四年後、大阪毎日の新日本百景に選ばれる。戸数わずか二百五十の田立村が、十八万九百四十票を集めたのだから、当時の村人の結束と、滝を知る人の評価の高さがうかがえる。田立の滝は現在、県立公園、県名勝に指定されている。

この二十年間の変貌ぶり

私は、田立の滝を三度訪れている。最初は一九七〇年代の終わりごろ。尾根を隔てて隣を流れる柿其《かきぞれ》渓谷から、大滝川上部に展開する高層湿原、天然公園（一五五六㍍）へ登り、滝上《たきうえ》山を経て田立の滝へ下った。柿其渓谷から滝上山一帯にかけて、皆伐といってもいいほどの伐採跡地だったのを憶えている。

　二度目は、その八年後の八〇年代後半であった。前回とは逆に、田立の滝の下部から天然公園に登り、岐阜側の夕森に抜けた。滝への道は、登山口から途中まで林道開発が進んでいた。大滝川右岸は、幅二〜三百メートル、長さ四〜五百メートルにわたって、滝が展開する手前までヒノキなどの天然林が伐採されている最中だった。

治水ダムが造られた田立の滝下流

　二〇〇〇年の晩秋に訪れたのが三度目である。山仲間と紅葉見物を兼ねて出かけた。
　そこで目にしたのは、かつての登山口に建設中のいくつもの治水ダムである。記憶の中にあった、田舎道の行き止まりにちょこんと建っていた土産物屋兼民宿も、前年の大洪水で流失したとかで、付近の様相は一変していた。バンガローや別荘が目につき、林道も舗装されていた。八〇年代に二度目に来たとき伐採中だった右岸の林道終点には、公衆トイレや駐車場が整備されていて、昔日の面影は失われていた。
　これが、わずか二十年間の経過である。

天然林をめぐる林野庁の論理

大滝川をはじめ木曾一帯の森林は、江戸時代は尾張《おわり》藩領で、その管理は厳重をきわめ、盗伐に対しては「檜一本、首一つ」といわれたほどの厳罰をとった。明治維新後、御料林となり、戦後は国有林となった。昭和二十年代末、地主の林野庁長野営林局（当時）が、大滝川上流の滝上山一帯の伐採計画を打ち出した際には、田立村の人たちの間に「田立の滝を守る会」がつくられた。その甲斐あって、滝の核心部は伐採をまぬがれ、樹齢三百年というヒノキやサワラ、ヒメコマツなどの巨木が残された経緯がある。

しかし、〝立派な〟林道に変貌したのは、登山口から滝までの道だけではない。滝場を過ぎ、さらに登っていくと、突然、また林道が現れる。天然公園へ行くには、この林道を一時間ほど歩かされる。しかも、林道の周囲の滝上山上部は伐採地だらけで、味気ないことこの上ない。譬《たと》えは古いと思われるだろうが、私には、美しく着飾り化粧をしていた美女が、にわかに普段着のあばた顔で現れたように見えてならない。

十余年前までの営林署側の言い分は、天然林だからといって、そのまま放置していると、成長が止まってしまい役に立たない。成長した樹木は材木として活用し、新しい木を育ててこそ、自然の有効活用になる。この一帯ではヒノキを植林することが多いが、滝上山から天然公園にかけては、単一林を避けて樹種を多様にするよう心がけ、広葉樹も植えた――というものであった。

その長野営林局は、名古屋営林局と合併し、九八年から中部森林管理局へと衣替えした。これは単なる名称変更ではない。統廃合は全国レベルで行なわれ、実質的に林野行政が百八十度転換したのである。

具体的にいえば、それまでは伐採することによって営業にもなっていた「木材生産林」が、全国有林の五割を占めていたのを二割に減らし、逆に「水土保全」「森と人との共生」に役立つ「公益林」を八割に増やした。つまり森林の管理を主務とすることにしたのである。しかも中部森林管理局では、管内の森林の九七パーセントまでを公益林としたのが、全国平均とは大きく異なる特色だという。田立の滝一帯は、同局によれば「水源涵養《かんよう》林」に該当するそうである。

伐採跡が傷々しい南ア・奥茶臼岳山頂付近

そういわれても、これまでの経過を見てくると、どうも釈然としないものが残る。

九九年に多くの被害を出した大出水は、大滝川上流の伐採と関わりはなかったのかどうか。木曽のヒノキなどをほぼ伐り尽くしたから、結果として公益林が増えたのではないか、など疑問は次々に出てくる。林野庁の論理は、長年、山を訪れ、山を看《み》てきた者にとって、とても素直には受け取れないのである。

ともあれ、最近、森林管理局、管理署を訪ねると、人が少なくなったのに愕然とする。聞けば、最盛期の十分の一程度の体制だという。木曾谷にはかつて十の営林署があり、千人近い署員がいたが、今や一署、一支署、四事務所の体制で、総員でも百人ていどである。

なぜ白神山地のブナは残ったか

田立の滝が辿ってきた道とは対照的な道を歩んできたと思えるのが、秋田、青森の二県にまたがる白神《しらがみ》山地である。

白神山地の秋田側にある藤里駒《ふじさとこま》ヶ岳（一一五八メートル）から流れ出す藤琴《ふじこと》川は、大滝川における田立の滝のような急瀑はなく、いたって穏やかな滑滝《なめたき》や瀬が、奇岩や巨石をぬうように流れ下っている。その周囲には造林地も混じっていて、名高い秋田杉の森と見事なコントラストを見せている。

藤琴川の支流の一つ、黒石沢から藤里駒ヶ岳にかけては、天然のブナ林が続く。白神山地の山々は、標高こそ低いものの、それぞれの山容をよく観察すると、稜線は意外に狭い尾根状をなしていて、両側は急崖になっている。その急崖には高さ三十メートルにも達するブナが、太古の息吹を伝えている。

意地の悪い見方をすれば、ブナの木材としての価値は低く、けっこう急峻な地形の多い白神山地の場合は搬出にも手間がかかり、林業の採算がとれなかった。それが結果として伐採は後回しにされて手つかずのブナ林が残り、環境保護とブナ林見直しの機運を得て、一躍、脚光を浴びるようになったというのが、この山々とブナ林の幸運だったのかも知れない。

黒石沢沿いの藤里駒ヶ岳の中腹にある岳岱《だけたい》には、ブナの自然観察教育林があって、樹齢四百年の巨木から、生えたての密生した稚樹林などが観察できる。さらに奥地の二ツ森や真瀬《ませ》岳一帯は、世界遺産登録地域に指定されている。

「緑の森」がある日本の山

日本の山の特色は、「緑の森」にあるといってもいいだろう。登山を愛好する者にとって、目指す頂きに立つ感動とともに、山頂までの過程にあるさまざまな緑、それは森であったり、孤独な巨樹であったり、高山植物、山野草であったりするが、それらを育む沢や渓谷の流れを含めて、緑の自然に接する喜びは、何ものにも代えがたいものがある。

田立の滝と白神山地。この両極ともいえる道を辿ってきた二つの自然を事例に挙げたのは、私のように山に登る者にとっても、戦後、日本の森の代表ともいうべき国有林が、必ずしも好ましい環境下にあったとは認めがたいからである。

森のかもし出す深遠な雰囲気を味わい、季節に合わせるように変幻極まりない姿を見せる木々と出逢えることは、我々が思っている以上に貴重なことではないだろうか。こうした〝見えざる価値〟に気づくのに、国も各自治体も、いささか遅過ぎた。

　さまざまな意見、批判、現場の経験を踏まえて、とにかく林野庁は新たな国有林経営に踏み出した。今後に期待すること少なくないが、失った木曾の美林や広葉樹林を甦らせるのは、容易ではあるまい。まさに百年の計であろう。

3　入山規制

登山行為を規制する白神山地

日本の山で、入山規制、もしくは車の規制が行なわれている山域は四カ所ある。岩手の早池峰山《はやちね》（一九一四㍍）など、最近になって実施し始めた山もあるが、〝定着〟しているのは、平成五年、世界遺産に登録されたブナ林の白神山地、高層湿原で名高い尾瀬、日本の代表的な山岳景観を見せる北アルプスの上高地、それに南アルプス・北沢峠をまたぐスーパー林道である。

このうち白神山地に関しては、私は白神岳（一二三五㍍）と藤里駒ヶ岳（一一五八㍍）などに登っている程度で、その全容や一帯の事情に詳しいわけではない。わずかに青森県自然保護課や東北森林管理局の自然遺産保全調査官の話を聞いたくらいだが、上高地や尾瀬に比べると、その規制対象となる登山者数は相当少ないことだけは確かであろう。

主に青森側の指定二十七ルート（ポイントと考えた方が分かりやすい）を通過する登山者は、管理者である東北森林管理局に申請し、許可を得た上で入山することになる。とはいえ、厳しい審査があるわけではなく、事実上、届け出制といえよう。世界遺産の核心部を守る狙いで、平成九年夏から始められた。

届け出をした登山者の数は、これまでの実績では年に六百人平均だが、現実にはその三〜四倍の人が入山しているのではないかという。それでも数千人だから、上高地、尾瀬とは桁が違う。これら登山者の多くは、一般車の乗り入れを認めていない奥赤石《あかいし》林道から櫛石《くしいし》、クマゲラの森一帯の周回コースを歩くと見られている。

それほどの入山者があるわけではないのに、あえて入山規制をしているのは、白神のブナ林の貴重さを認識してもらうPR効果の狙いもあるだろう。それに対して一部には、入山規制の実効性に疑問を呈したり、届け出の煩雑さを指摘するなど、規制撤廃を求める声もある。目下、試行錯誤の段階にあるといえそうだ。ただ、登山者の入山そのものを規制対象としているのは、この白神山地だけなので、今後に注目していきたい。

釜トンネルが交通規制の役割を

白神山地とは異なり、上高地、尾瀬、南アルプス・スーパー林道の入山規制は、入山しようとする登山者や観光客を、車の乗り入れ規制によって抑えようとする試みである。排ガス対策、交通渋滞対策を兼ねてのことであることは、言うまでもあるまい。もちろん、一挙に現在の規制が施行されたわけではなく、段階を踏んで現状の規制となったのである。

入山者が減少傾向にあるが、一応安定した状態にある南アルプスの場合は、山梨・芦安と長野・長谷両村の村営シャトルバスが北沢峠まで乗り入れている。三地区とも、すでに二十年前後の実績を積み、ほぼ定着したといえそうだが、上高地だけは関連交通事情の変化で新たな対応を迫られる事態を迎えている。

上高地と車の関係を語る場合、釜《かま》トンネルという特異な存在を抜きにしては考えられない。上高地への車道は、当時としては日本一の落差を持っていた梓川（現東京）電力霞沢《かすみざわ》発電所の開発事業とともに進み、発電所が完成した昭和三年（一九二八）の翌年、中《なか》ノ湯まで乗合自動車（バス）が運行するまでになった。

だが、中ノ湯から先は、釜《かま》ヶ淵《ふち》の険路に行く手をはばまれ、昭和二年に、ひとまず長さ三百二十メートルの狭いトンネルが開通していたものの、幅、高さとも九尺（二・七㍍）、勾配も所によっては五分の一に達し、特定の車しか通行できなかった。その後、トンネルは延長、拡幅、改修がくり返され、大正池までバスが入れるようになったのは、ようやく昭和八年になってのことである。

しかし、釜トンネルは、坑道幅が三メートル程度の時代が長い間つづき、通行できる車は、大きさが限られていた。戦後になっても、上高地路線を走らせている松本電鉄は、バスをトンネルの断面に合わせた特別仕様のものにしていた。もちろん通行は時間差による交互通行である。

釜トンネルのロック・シェード

昭和四十年代以降、大がかりなトンネル拡幅が行なわれ、また、雪崩の巣であったトンネル出入口の両側にロック・シェード（岩や雪よけの覆い）を延長して行った。現在は、一定基準までの大型バスでも通行できるようになったが、ある意味では、車が円滑に通行できない釜トンネルの存在自体が、実質的に交通規制の役割を果たしてきたともいえる。

昭和四十年代に入り、マイカーが普及し始めると、夏山シーズンや休日には釜トンネルを挟んで上下線とも車の大渋滞が恒常的になった。トンネル拡幅も、実は渋滞解消を狙っての動きだったが、逆に火に油を注ぐ結果になった。第一次の上高地入山規制論議である。

折から排ガス問題がクローズアップされ、車道周辺の環境保全問題を指摘する声も出て、昭和四十九年から試験的に最盛期の休日に限りマイカー規制が実施された。その後、段階的にフルシーズンの規制へと変わってきたのである。現在、上高地へは一般のマイカーは入れない。長野側は沢渡《さわんど》で、岐阜側は平湯《ひらゆ》で、それぞれ駐車場に車を置き、シャトルバスかタクシーに乗り換えなければならない。

大型バスが路上にはみ出す上高地

平成十二年、上高地を訪れた人は百九十万人に達した。環境庁中部地区自然保護事務所が釜トンネルの入口、中ノ湯ゲートでカウントした数字である。定期路線バスの利用者数を実数で換算するなど、従来と統計の取り方は違うが、過去最高の人数と見られている。

その三年前の平成九年、安房《あぼう》トンネルの開通で、とくに関西方面からの交通の便が改善され、上高地ツアーの人気が一段と上昇する気配はあった。バスなら入山できるとあって、旅行社などが仕立てた観光バスが、次から次へと上高地へ殺到した。

ところが、それまでと比べると、バスは際立って大型化し、全長十二メートル・クラスのものも珍しくなくなった。これでは、釜トンネルが拡幅されたとはいえ、通過はぎりぎりである。釜トンネルを抜けても、大正池《たいしょういけ》を経て上高地バス停への道は急カーブの連続で、いたるところでバス同士がすれ違いに手間取り、渋滞を招く事態となった。日によっては、駐車場に入りきれないバスが、順番待ちで路上に一キロ前後の列をつくることさえある。

どう事態を収めるか。しかも上高地では現在、入山できるバスはホイールベースで五メートル以内、車高三・二メートルまでとしているので、最新の大型バスは不適合なのが多い。第二次交通規制論議の勃発である。

いま、釜トンネルの上部では土砂崩落対策として、全長七百三十五メートル、幅八・五メートル、往復二車線の本格的な新釜上トンネル掘削工事が、平成十四年春の完成を目指して、開始されている。たとえ新トンネルが完成しても、当面、釜トンネルが存在し、その先の上高地バス停までの道路が旧来のままなので、交互通行は解除するわけにはいかない。その意味でも、新たな入山規制を打ち出さざるを得ない状況にあるのである。

環境省や地元関係者は、実現性のある対策として、大型観光バスには、すでに上高地用に排ガス対応を進めた地元のハイブリッド・バスに乗り換えてもらうという、シャトル方式の運用ができないか、と検討している。

壁にぶつかるシャトルバス方式

ただし、このシャトル方式にも問題点はある。乗り換えによる貸切り観光バス側に料金の負担増が出る点だ。現行の上高地入山者は、大雑把にいって、貸切りバス四、タクシー三、地元シャトルバス三、という割合と見られる。地元のバスは、松本電鉄と濃飛《のうひ》バスの二社だが、長野側の発着点となっている沢渡と上高地の往復料金は、現在二千円である。

松本電鉄にとって上高地線は、一般定期路線の収益が厳しい中、貴重な稼げる路線である。上高地線の開通以来、同社は道路維持に協力するばかりでなく、釜トンネルの交通整理に至るまで自発的に取り仕切ってきた実績もある。ここは是非シャトル方式を採り入れてもらいたい、と考えるのは当然だろう。

一方、貸切りバス側にすれば、ただでさえ競争の厳しいツアー観光業界なのに、単純計算で一人二千円を上乗せさせられるのは承服しがたいことである。この先、乗り換えによる料金問題をどう折り合っていくか。ただ付け加えておくと、松本電鉄の滝沢徹社長は、「上高地は国家的な財産なのだから、その保全を前提に、大局的な対応をすべきだ」という認識から、社益のみに固執しない意向を持っている。

上高地への公的交通機関のあり方としては、従来から根強く登山鉄道にすべきだという構想がとなえられてきた。地元安曇村の有馬佳明村長も、その一人である。

しかし、仮に沢渡を起点にしても、根拠不明だが三百億円とも六百億円とも見込まれるという巨額の建設費をどう捻出するのか、採算はとれるのか、冬季はどうするのかなど、数々の問題がある。しかも、安房トンネルが開通し、少しずつだが前進している中部縦貫自動車道との整合性などもからみ、すぐ具体化できる構想ではなさそうである。

となれば、当面は新釜上トンネルの開通、

上高地マイカー規制の推移

年度	規制日数	台数	人数（推定）
昭50年（1975）	30日	17,130	227,855
昭55年（1980）	56日	25,993	284,135
昭60年（1985）	62日	51,693	545,890
平 2年（1990）	102日	114,218	1,061,355
平 7年（1995）	161日	144,683	1,712,402
平 8年（1996）	205日	163,654	1,860,485
平 9年（1997）	205日	143,939	1,768,474
平10年（1998）	203日	163,597	2,203,197
平11年（1999）	204日	155,174	2,074,422
平12年（2000）	209日	168,591	2,471,546 ※（1,835,271）

［注］バス1台46.5人，マイクロバス16.7人，タクシー3.2人，許可車2.0人の数字を基に推計。ただし2000年からはバスのうち，松本電鉄，濃飛バスについては実数で計算。このため※の数字が違ってきた。　（環境省中部地区自然保護事務所調べ）

整備に合わせ、環境に対応した、より改良された電気バスを配備し、それらをシャトルバスとしてピストン輸送させるのが現実的であり、当面はその方向で収斂していきそうな気配である。

入山規制と客足減のからみ

尾瀬は、入山口が実質的に釜トンネル一つに限られている上高地とは対照的に、いくつもの入山口を持っている。東西十キロ、南北二キロほどの核心部、尾瀬沼（一六六五㍍）と尾瀬ヶ原（約一四〇〇㍍）を取り囲むように、ゆるやかな山稜をなす山々の主要な鞍部に、群馬県側では鳩待《はとまち》峠、富士見《ふじみ》峠、三平《さんぺい》峠の三コースが、福島県側には御池《みいけ》から沼山峠へ入るコースと、只見川沿いに入るコースの二つがある。

このうち富士見峠への入山コースは、林道への一般車の乗り入れ禁止としている。登山者が最も多い鳩待峠と福島側の沼山峠の二つのコースは、五月中旬から十月にかけて（週に一日は乗り入れ可）の約百日間、峠の下でマイカーをストップさせる入山規制を行なっており、鳩待峠へは、山麓の戸倉から地元のシャトルバスに乗り換えなければならない。平成十一年から入山規制の措置をとった沼山峠へは、御池で地元バスに乗り換える。

環境省北関東自然保護事務所によると、尾瀬への入山者は、平成八年の六十万人をピークに、それ以後、少しずつ減り続け、十二年の数字は四十二万人と推計している。また、入山ラッシュも分散化の傾向を見せている。かつては一日に二万人も押し寄せ、湿原に渡した木道でハイカー同士がすれ違うのに手間どる光景も珍しくなかったが、最近では最多の人出でも一万人を超える程度だという。ちなみに、入山者の数が、各入山口に設けられたカウント・センサーで調べられていることは、あまり知られていない。

それぞれの登山口の入山者は、鳩待峠五、沼山峠三、三平峠の大清水《おおしみず》一、その他一という割合で、鳩待峠へ集中している。これを解消する誘導対策として、オフシーズンの特定日に利用できる鳩待峠の駐車場料金を二千五百円（一泊二日）と、大清水の五百円より割高にするなどの実験も行なっている。数値で見る限り、入山者の抑制、分散化はかなり功を奏しているようである。

しかし、その年度ごとに入山規制案を決める地元関係機関の協議会は、それぞれの思惑もあり、必ずしも全面的に同一歩調をとれていないようだ。鳩待峠を抱える戸倉地区の観光業者や山小屋関係者の中には、客足が減少している現状から、入山規制そのものの緩和を求める声もある。尾瀬の群馬側は、ほとんど東京電力の所有地で、その系列子会社の尾瀬林業が、山小屋をはじめ駐車場などを一手に取り仕切っている。

群馬県側の協議会は、その尾瀬林業をはじめ、県、地元の片品村、水上町《みなかみ》、各警察、環境省など三十近い代表者で構成されている。今のところ「客足減少は各地とも同じ傾向だ」として、混雑予測日の年間約百日のいわゆる「カレンダー規制」を緩和する方向にはないようだが、長びく景気の低迷が、規制にも微妙な影を落としていることは否定できない。

一方、福島県側の協議会は、平成十一年に大型観光バスを含めて車の乗り入れを全面規制した。ところが、不景気とも重なってか大幅に入山者が減り、地元の檜枝岐《ひのえまた》村などの観光業者からの悲鳴が殺到したため、翌十二年からは、大型バスの規制日を緩和し、ミズバショウと紅葉の見ごろの時期、それに夏の最盛期の休日の三十一日間に限ることとした。ただし、この他に十四日間の夜間規制がある。

当初とかくの議論があった入山規制だが、この二十年の間に、登山者にも山小屋関係者にもなじんだ感がある。そこには、長い目で自然環境の保全に協調的な対応をしていかなければならないとの共通の認識が窺える。ただ今後、次に述べるような新たな入山規制に踏み出すケースも想定され、また別の視点から双方の合意を再構築する時期にさしかかっている。

続々と無料化が予定される山岳有料道路

各地にある山岳観光有料道路の多くは、昭和四十年前後に開発されている。これらの有料道路は、道路整備特別措置法の適用を受け、供給開始後、二十五年を期限として無料にすることを義務づけられている。すでに無料になった道路もあり、ほとんどは一般県道に編入される。

これから期限を迎える代表的な山岳道路としては、信州の白樺《しらかば》湖から美ヶ原へ抜けるビーナスラインの平成十四年二月、岐阜県側の乗鞍《のりくら》スカイラインの同十五年六月、山梨県の富士スバルラインの同十七年六月などがある。

無料になると、車の流れはどう変化するのか。それぞれの山の事情もあり、推測は難しいが、どっと車が増える、というのが関係者の一致した見方である。

すでに少し触れたが、例えば、平成十二年、地元財産区が管理してきた松本市郊外の浅間《あさま》温泉から美ヶ原の山頂下までの有料道路を無料開放したところ、それまでの何倍という車が利用するようになった。無料開放したのは、これから見込まれるビーナスラインの無料化によって確実に増加するであろう観光目的の車を、今は乗り入れ禁止となっている美ヶ原台上の道（実際は車は通れるが）の通行を認めさせ、松本側へ呼び込もうという目論見とみていい。

年間の利用台数が二十万台を超える乗鞍スカイラインが無料になったら、どういう事態になるのか。現行料金は、片道十四・四キロで千五百円である。道路としては日本最高所の畳平《たたみだいら》で、長野県側の県道、つまり無料道路と接続しているスカイラインには、いま以上の車が押し寄せ、夏山シーズンや紅葉の季節には大渋滞に見舞われることになりそうである。

乗鞍スカイラインを管理する岐阜県道路公社は、この十年来、道路周辺の防災工事に毎年二億円からの予算をつぎ込み、単年度の維持費だけでも合計三億円はかかっているという。車が増えれば道の傷みも激しくなる上、自然保護対策の一環としてパトロールをさらに強化せざるを得ない事態が予測される。

そこで岐阜県は、無料化で予想される事態に備え、どういう手を打つべきか、長野県側にも対応を促し、新たな交通規制などを含む対策の検討に取りかかった。まだはっきりした方向は出ていないが、ここでも一般車の乗り入れを禁止し、シャトルバスを導入すべきだという声が上がっている。

北海道・斜里のマイカー規制の場合

全長二十九・五キロ、富士山吉田口五合目まで一気に登れる富士スバルラインを抱える山梨県は、学識経験者や地元観光関係者など十五人による「富士スバルライン将来活用検討委員会」を発足させ、無料化へ向けての検討に入った。

富士スバルラインも乗鞍スカイラインと事情は同じで、維持費は、人件費も含め年間三億円に上っている。通行料は普通車で千百五十円で、年間収入は五億円を超えているので、現状での維持は十分にできている。しかし、無料開放となり、年に五十万台前後に増えると見込まれる車が、富士スバルラインを縦横に走るのを放置しておいてよいのか。「目的税として事実上の有料を維持してはどうか」といった案も浮上するなど、議論が議論を呼んでいる。

山岳観光道路ではないが、北海道・斜里《しゃり》町は平成十一年から、七、八月の二十三日間に限り、知床《しれとこ》国立公園内の知床五湖へのマイカー規制を始めた。カムイワッカの湯ノ滝への林道が、その時期になると渋滞するため、交通と環境の両面からシャトルバス導入へと踏み切ったのである。

平成十二年にシャトルバスを利用したのは一万七千人だが、そのうち約二千五百人にアンケート調査を行ない、六百八十四人から回答を得た。マイカー規制は、八五・八パーセントの人に支持されたという。

斜里町の例に見るように、登山者や山岳道路利用者には、環境と交通への対策としてマイカー規制をとることに抵抗感はかなり薄くなっているといえよう。

日本自然保護協会は平成十二年末、「21世紀の国立公園への提言」をまとめた。その中で、自然における工作物建築や植物採取の問題にとどまらず、山などへの「入り込み総量規制」の問題にも踏み込み、効果的な規制区域の設定を訴えている。また、現行の自然公園法が「景観地の保護」にとどまっているのに対し、さらに「生物多様性の保護」も加えるべきだと主張している。山や自然に対するこうした流れは、一段と加速していくだろう。

4　既得権と撤去責任

山頂に放置された無線中継所

広島・鳥取県境にある道後山《どうごやま》（一二七一㍍）は、レンゲツツジの群落で知られている。比婆《ひば》道後《どうご》帝釈《たいしゃく》国定公園の核心部をなし、一帯は気持ちのよい草原になっている。その一角に、主峰と対をなすように岩樋《いわひ》山がある。

この岩樋山の山頂に、パラボラアンテナの残骸とコンクリート造りの無線中継所が放置され、醜態をさらすようになってから、どれほどの時間が経つのだろうか。見通しのいい地点だから設置された施設だけに、周囲の景観を損なっているのが、誰の目にも明らかである。

いったいどうなっているのかと、同国定公園を管理する広島県森林保全課や地元の西城《さいじょう》町に問い合わせてみた。いろいろ調べてはくれたが、いまひとつはっきりしない。パラボラアンテナの設置は、一帯が国定公園に指定された昭和三十八年（一九六三）前後とかなり古く、岩樋山山頂を所有している個人がすでに亡くなっているからだという。かつては無線中継施設まで電気を引き込むため電柱が立てられていたが、それはすでに撤去したという。

カナダの国立公園内での権利は四十二年

こうした不要になった施設を撤去する責任はどうなっているのか。

世の中は、いつの間にか人工衛星、デジタル時代へと移行し、そのスピードは年々速くなるばかりである。それにともない、各地の山頂や稜線に築かれた無線設備、テレビ塔などが役目を終える日が近づいている。

しかし、不要になった施設を撤去しようとしたとき、当事者が不明、あるいは責任企業が倒産、解散していたら、岩樋山のようにかなり面倒なことになるだろう。昨今、各地で指摘されているゴミの不法投棄と似たような問題である。

岩樋山山頂のパラボラアンテナ

それにつけて思い出すのは、カナダのバンフ国立公園の取り決めである。話は古いが、昭和四十年代早々、カナダへ自然と観光のあり方を取材しに行った折、バンフの全権を握る国立公園長から、国立公園内の土地の貸し付け期間は四十二年と限定している、と聞かされた。

「なぜ四十二年なのか」という私の質問に、「四十年余というのは、人間の働ける平均的歳月だからである。事業を起こす人間一代の利用は保障するが、その後は白紙で改めて検討する」との答えが返ってきた。つまり、あくまでも個人と契約するのであり、別人格の子々孫々の永代権利まで認めるのではない。時代の変化で、その土地を他の目的に利用することを考えざるを得ない事態を配慮しての契約、ということだった。

なにしろ三十年以上も前のカナダの話である。今はどうなっているのだろう。

カナダ在住の山仲間、往年のヒマラヤ登山で大活躍した加藤幸彦さんを介して、平成十二年（二〇〇〇）の現状を聞いてもらった。すると、今も貸し付け期間は「四十二年」だった。ただ、昔とは少しニュアンスが違っていた。

「通常は四十二年経過したあとも、また新たに（遺族に）四十二年間継続されますが、更新しない場合は、国はその代償として、建物などにその時点での適正市場価格を支払うことになっています」

というのが、関係者の回答であった。

山小屋と林野庁の裁判

日本では、有名な山のほとんどが国立、国定公園に指定され、そうでない場合でも県立公園として、それぞれ自然公園法の対象になっている。しかし、その中に造られた施設に関しては、いったん許可を得てしまうと、周辺への悪影響、利用計画上の不都合が出てくるなどして、原状を回復しようとしても、既得権がそれを阻むというのが「この国のかたち」である。

もともと山の中のことは、人の目が届きにくい。専任的な監視機関である環境省の各自然保護事務所が担当する国立公園はともかく、各県が代行し、その下部の地方事務所職員が担当する国定公園、あるいはそれ以下となると、冒頭に挙げた道後山のように、〝網の目〟をくぐってしまうケースが出てくる。「今や百名山には該当しない」という〝評価〟まで出ている美ヶ原だが、その説の拠り所となっている山頂に乱立する諸施設についても、国有地なのに〝目が行き届かない〟傾向が如実に窺える。

山岳地の施設については、林野庁の関わりは少なくない。日本は国土面積の七割が森林で、うち二割の七百八十五万ヘクタールは、林野庁所有の国有林である。国立公園内に至っては、六割までが国有林というから、大地主の林野庁次第で、施設のあり様は大きく左右されることになる。

これは、周辺の環境や登山者への「不都合施設」という事例には該当しないと思われるが、現在「三俣《みつまた》山荘」「雲《くも》ノ平《たいら》山荘」などの経営者、伊藤正一さんと林野庁の間で、伊藤さんの経営する四つの山小屋に、林野庁側が撤去通告を出していることをめぐって、名古屋高等裁判所金沢支部で係争中である。

ことの起こりは、林野庁が国有林内の山小屋経営者に貸している（林野庁のいい方は「使用を認めている」）土地の利用代を、一九八四年にそれまでの定額方式から売上高に応じた収益方式に切り換えたことに発している。この林野庁の方針に疑問を持った伊藤さんは「売上高の公表に基づく算定はプライバシーの侵害」「登山道の整備や遭難者救助など、小屋側が負担している〝公共性〟の認定がなされていない」などの理由を掲げて提訴した。

それに対し林野庁側が、伊藤さんに国有林地内の土地使用の不許可、及び山小屋の撤去命令を出すという対抗措置をとった。一審の富山地方裁判所は一九九九年一月、「新しい土地代の算定は合理性を欠くとはいえない」とし、林野庁側の裁量を認める判決を下した。

伊藤さんの方には、山小屋の実情に理解を持つボランティアの応援団ができ、一審を不服として控訴した——というのがこれまでの経過である。

山上は収益方式なのに上高地は定額方式

この裁判の過程で、登山というものに対する林野庁の姿勢や、山小屋のあまり知られていない実情などが明らかになっている。例えば、大衆登山がブームになる以前の初期の頃から、国有林内の登山道づくりは事実上、山小屋に任されていたこと、また、遭難救助から気象観測に至るまで、山小屋が求められてきた様々な協力、公的負担は想像以上であること、あるいは、国有林や国立公園内の施設を監視にくる役人は、往々にして「タダ酒を呑んで下山していく」こと、などである。

いずれにしても、これまで「営林」を主体とし「管理」を二次的にしてきたこともあって、林野庁が積極的に登山道を拓き、整備してきたとはいえない。また、山岳環境の保全や登山施設の導入などの陣頭に立ってきたとも見えない。土地代の徴収を、定額方式から収益方式へと切り換えたのも、営林行政における収支の悪化が背景にあったように思える。

加えて、その後誕生した環境庁（現・環境省）との二元行政も、一部では山小屋関係者を戸惑わせてきた。訴訟にまで発展した土地代の問題にしても、環境省の直轄領の上高地や徳沢《とくさわ》では、今でも定額方式である。これでは不公平だと山小屋側が思っても不思議はない。仄聞《そくぶん》したところによると、なぜだかは不明だが、山の上より上高地のような平地の方が安いという。環境省側は「財務省の国有地評価方式にのっとって行なっている」と話している。

土地代の多寡はひとまず置くとしても、山岳行政に対する国や関係機関の姿勢に一貫性が欠けていたことは否めない。山の上だろうが、平地だろうが、そこを利用するのは国民である。

林野庁の本当の変身とは？

ともあれ、林野庁は平成十年から森林管理を主務とする役所に変身した。今後は、山小屋などへの土地の貸し出し（使用許可）は、三〜五年の経過期間切れの都度、許可目的に合っているかどうかをチェックするという。中部森林管理局管理第一課によると「賃借契約ではなく、使用の許可であり、瑕疵《かし》があれば相応の措置をとる」ということだが、変身した森林管理局が、本来の管理の分野で、伊藤さんに突きつけたような撤去命令をこのあと出せるのかどうか。

大半の営業小屋は、環境保全や登山者への応援でかなり努力している。ただ、最近は山小屋も株式会社組織にする流れにあり、親から子への代替わりといっても、商法上は社長の親から専務の息子への継承というケースが増えてきた。「親に貸したのだから」というカナダのバンフ式の契約更新とは、なかなか行かないようである。

一つだけはっきり言っておいた方がいいと思うのは、林野庁側が変身したことをより明確にしたいのなら、まず登山者や山における公益という視点に立って、判断は下されるべきなのではないだろうか。伊藤正一さんとの係争も含めて。

第七章　もう一つの登山の楽しみ

1　北アルプスの展望ポイント

初冬から春四月に〝展望ハイク〟

この十年ほどの間に、アルプスの展望を「村おこし」のセールスポイントにする村がいくつか出てきた。車道近くに展望園地を整備して、村の他の観光地とセットで誘客を図っている。信州に暮らすようになって四十余年、私は折をみては〝展望ハイク〟と自称する低山歩き、里山ハイキングを続けてきた。とくにアルプスが雪化粧をする初冬から、山里がとりどりの花々に彩られる春四月にかけて——。

この時期、信州の外気は肌を刺すほど冷たい日もあるが、冷えるほど空気は澄みわたり、峰々がくっきりと浮き立つ。とりわけ冷え込んだ早朝、朝陽を受けて峰々がモルゲンロートに輝くさまは、神々しいほど美しい。

今では山村の道も整備され、ものの十センチ、二十センチでも積雪があると、早朝から除雪車が出動し、通勤の車や通学バスに備える。そのためトレースのない山村の尾根道は少なくなりつつあり、新雪を踏んで峰から峰へと山々を眺め歩いた日々を忘れられない身にとっては、少し残念でもある。

そんな経験の中から、独断と偏見を承知で、アルプスを展望するのに格好と思われるポイントを紹介しよう。このごろでは道路の整備も進んでおり、車で近くまで行けるところ、歩いても三十分前後、という目安で地点を選んだ。

アルプスを取りまく山梨、静岡、岐阜、富山、新潟の各県にも一通り足を運んでみたが、長野県と比べると、峰々との距離がやや離れ過ぎているきらいがある。また、私一人で歩いた結果なので、未だ行ったことのないところも多く、あくまでも独断であることを重ねてお断りしておく。

なぜ北アルプスは長野という印象か？

北アルプスは、かつては飛騨《ひだ》山脈の呼称が一般的だった。その名の通り飛騨の国、現在の岐阜を南端に、富山、新潟、そして長野の四県境に大きく連なっている。ところが、実際にはあたかも長野県がメインであるかのような印象を与えている。

なぜなのか。北アルプスの造山活動にその原因、秘密がある。

北アルプスは、褶曲《しゅうきょく》によって造られたことはよく知られているが、主に西側に位置する三県側がゆるやかな山容で、前山も複雑に入り組んでいるのに対し、東の長野側は、フォッサマグナの地溝帯に沿う山麓の平坦部から、峰々が一気に屹立《きつりつ》し屛風のように連なる。そのパノラマが、圧巻の一大絵巻となっている。さらに、室堂《むろどう》、折立《おりたて》、あるいは奥飛騨に交通手段が延びるまでは、入山ルートは、ほとんど長野側だったことも、北アルプスを長野領と思わせる原因になったと考えられる。

北アルプスの山稜は、北の日本海、親不知《おやしらず》近くにある尻高《しりたか》山（六七七㍍）から起こり、南の乗鞍《のりくら》岳（三〇二六㍍）まで、その距離は百キロを超える。山名を二万五千分の一地図で拾ってみると、軽く百をオーバーし、いわゆる百名山に名を連ねる山だけでも、十五峰（二百名山で十一峰、三百名山で六峰が加わる）に達する。

これらを比較的間近に望める地域は、長野側では新潟境の小谷《おたり》村から塩尻市まで、筑摩《ちくま》山地を中心にした主に中信地方である。

白馬と常念を両翼に鹿島槍と蓮華が……

さて、ここで〝眺め自慢〟が始まる。「おらほが（おれのほうが）一番」という村ごとの自慢である。確かに、北アルプスと向き合う角度や遠近、周辺の山や谷のたたずまいによって、北アルプスは百面相のようにその景観を変える。それぞれに特色があり、人の好みもあって、どこが一番とはとても言えない。

が、あえて私なりの印象を述べるなら、北アルプスの展望には三つのポイントがあると思う。北部の白馬《しろうま》三山、中部の鹿島槍《かしまやり》ヶ岳の双耳峰、そして南部の常念《じょうねん》岳の三角錐である。

この三つを欲深く一望に納めようとするなら、ウェストンが北アルプスと初めて対面し、大いに感激したと伝えられ、「日本アルプス絶賛の地」の碑が建つ保福寺峠《ほふくじ》（四賀村《しが》）とか、戸隠《とがくし》と鬼無里《きなさ》村境の大望《だいぼう》峠あたりまで後退しなければならない。しかし、ここまで後退すると、それぞれの山の個性が薄まり、高さも欠け、また迫力にも乏しくなることを覚悟しなければならない。

今やその由緒ある更級《さらしな》郡の名を冠する町村は、温泉で有名な上山田《かみやまだ》町と大岡村だけになってしまったが、人口千六百人の高地の寒村、大岡村は「日本アルプス一望の里」という大看板を役場の前に立て、標高八九〇メートルの雨池の丘に展望公園（地図⑦。以下同）をつくった。

「北アルプスに近過ぎず遠過ぎず、距離がほどよいということですかね」

保福寺峠にある石碑

とは村役場の観光責任者の推薦の言葉である。両翼に位置する格好の白馬三山と常念岳はやや広角になるきらいはあるものの、正面に鹿島槍ヶ岳の華麗な姿と蓮華《れんげ》岳の重厚な山容が浮き上がって対峙するさまは、大いに自慢に値する。大岡村と隣の麻績《おみ》村を結ぶ県道も「アルプス展望道路」と銘打って、売り出している。その途中にある、ユニークなワラづくりで知られる芦《あし》ノ尻《しり》道祖神

(⑧)からの眺めも含め、中景の展望では、この一帯が秀逸なのは折紙をつけてもよい。上水内郡《かみみのちぐん》小川村も、大岡村と競って中景の眺望を売出し中である。鬼無里村へ通じる高山寺《こうざんじ》一帯(②)からの白馬、鹿島槍の姿は、高山寺の三重ノ塔と調和して、かねてから知られる景勝である。村では、この近くや、その上部の大洞峠《おおどうとうげ》一帯を公園にして観光名所にしようと図っている。

小川村では、土尻《どじり》川を越えてやや後退した立屋《たてや》(③)からの眺めも捨てがたい。眼下に点在する農家のたたずまいも一幅の絵になっており、尾根筋まで登れば立屋城址もある。私はかつて冗談まじりに「この辺りに小さな小屋を建てたい」と、知人に土地の斡旋を頼んだことがある。もちろん、その眺望が気に入ってのことである。

たまたま十二、三年ほど前、その立屋に立ち寄ったところ、私が儚《はかな》い夢を語ったその場所に、私が考えていたような二十平方メートルにも満たない小さな家が建っていた。持ち主は絵描きさんらしいという噂だった。

鹿島槍がまるで鶴のように見える

だいたい松本あたりの人のいう北アルプス礼讃は、常念岳を頭に置いての話と思って間違いない。大河小説『安曇野《あずみの》』を著し、筑摩書房の創設に関わった文学者、臼井吉見《うすいよしみ》氏も、常念岳のピラミッドを振り仰いで学んだ若き日のことをしばしば語っている。

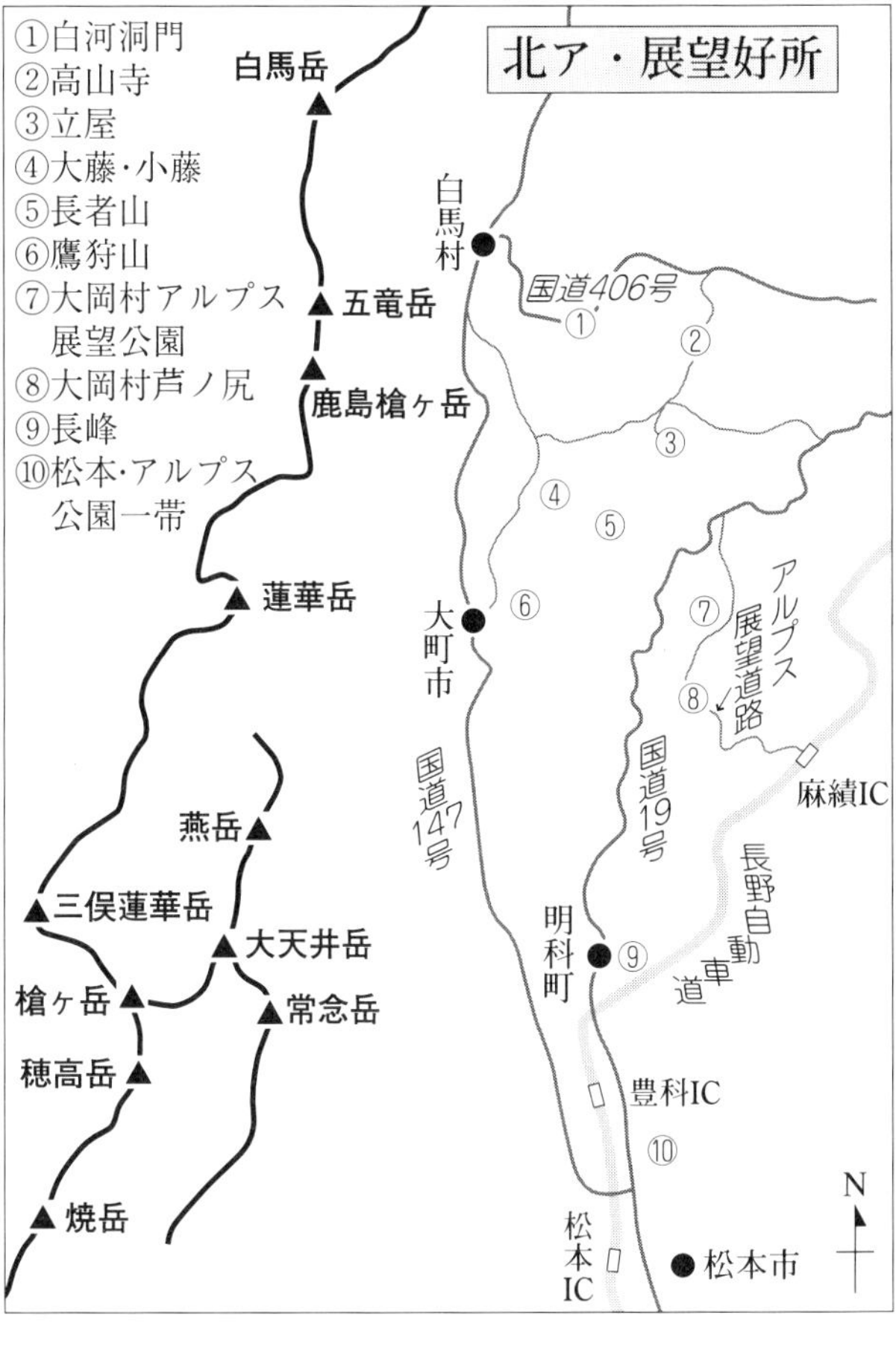
北ア・展望好所
①白河洞門
②高山寺
③立屋
④大藤・小藤
⑤長者山
⑥鷹狩山
⑦大岡村アルプス展望公園
⑧大岡村芦ノ尻
⑨長峰
⑩松本・アルプス公園一帯
白馬岳
五竜岳
鹿島槍ヶ岳
蓮華岳
燕岳
三俣蓮華岳
大天井岳
槍ヶ岳
常念岳
穂高岳
焼岳
白馬村
国道406号
大町市
国道147号
アルプス展望道路
国道19号
麻績IC
長野自動車道
明科町
豊科IC
松本IC
松本市
N

松本市内には、「常念通り」と名付けられた通りもある。その三角錐の山容は、真っ正面に位置する明科《あかしな》町の中心部からよりも、やや南へ下がった長峰（⑨）や、松本のアルプス公園（⑩）か城山から眺めたほうが形がよい。松本でも、美ヶ原《うつくし》方面へ後退すると、常念の左肩にちょこんと顔を覗かせていた槍ヶ岳の穂先が、次第に大きくなる。塩尻まで行けば、ようやく穂高《ほたか》岳の岩峰が望めるようになる。主稜が二重になっている地勢による中景、遠景の取り合わせの妙であろう。

とはいっても、北アルプス展望の圧巻は、やはりより近い距離から見た、ちょうど額縁いっぱいにしたような迫力ある姿にあると思う。

ある早春、大町市と接する美麻《みあさ》村の大藤《おおふじ》、小藤《こふじ》（④）を訪ねたとき、往時「鶴《つる》ヶ岳」と呼称されていた鹿島槍ヶ岳が、わずか二キロにも満たない尾根道のポイント、ポイントで姿、形を変え、その名のごとく北峰、南峰が、二羽の鶴が前景の谷やいくつもある支稜を使い分け、華麗に衣替えしているかのように展開して、まるで舞っているように見えた。思わず時のたつのも忘れた記憶がある。

鹿島槍ヶ岳は、その頂上の二峰のバランスが極めて微妙である。大町寄りになると、似たような山容の爺《じい》ヶ岳が正面になり、鹿島槍はその後方へさがる。鷹狩《たかがり》山（⑥）からの眺望は、蓮華岳がどっしりと大きく構えていて雄大なパノラマだが、鹿島槍との距離がややあいて間延びした感じになる。逆に北のほうへ行き過ぎると、これまた個性豊かな五竜《ごりゅう》岳が存在感を主張する眺めとなる。

いったん小藤から青具《あおぐ》へ下り、再び「北北東の直線路」ともいえる尾根筋へ登って、そこを歩いたこともある。崩れかけた廃屋のかやぶき屋根が、後立山《うしろたてやま》連峰の大展望と奇妙なコントラストを醸し出している、なかなか良い雰囲気のところがあったが、今はどうなっているか。

秘められた展望台

鬼無里村から白馬《はくば》村へ通じる国道四〇六号線がまだ今のように整備されていなかったころ、スキーツアーでそこを通ったときの話である。車が白河洞門《しらかわどうもん》（①）を抜けたとたん、眼前に白馬三山の白銀に輝く姿が飛び込んできたときの驚きは、三十年たった今でも忘れられない。

昨今は冬季でも車の通行が確保されているが、白河洞門のトンネル出口につくられた駐車スペースは、散らかったゴミが折角のビューポイントを台無しにしている。しかし、トンネルの鬼無里側から上に二十分ほど登って尾根筋に出れば、昔ながらの白馬三山の大展望が得られるはずである。

もっとも、その北の柳沢峠《やなぎさわ》などの道は、ヤブが深まって、廃道化しかけている。最近も道に迷った部活の中学生グループが遭難騒ぎを起こしている。北アルプス展望台としては捨てがたい地形だが、残雪期でないと無理かも知れない。

もう一カ所、信州新町が売出しを図っている長者山《ちょうじゃ》（⑤）を忘れるわけにはいかない。無雪期には頂上近くの長者高原まで車で入れる。積雪期には左右《そう》集落から尾根筋を二時間近く辿ることになるが、ひと汗かいて得られるその眺望は、隣の美麻村の権現《ごんげん》山とともども、秘められた展望台といえよう。

2　南アルプスと中央アルプス

心休まる南アルプスの眺め

北アルプス並みに三〇〇〇メートル峰を十三座揃える南アルプスではあるが、こと展望ポイントとなると、北と同じというわけにはいかない。

山梨、長野、静岡の三県にまたがり、南北ほぼ百キロに及ぶこの大山脈は、北端の甲斐駒《かいこま》ヶ岳（二九六六㍍）から鳳凰《ほうおう》三山にかけての山梨側を除き、山脈の東西両側にいずれも二〇〇〇メートル級の前衛山脈を従えていて、里から主脈を眺望するのをブロックしているからである。

「北に遠ざかりて雪白き山あり。問へば甲斐の白根といふ」と平家物語に登場する白峰《しらね》、北岳《きた》（三一九二㍍）や、そのはるか南の聖《ひじり》岳（三〇一三㍍）を望むにしても、遠く、高く位置しなければ、その特色ある山巓《さんてん》は判じがたい。深田先生がその姿を「漆黒の鉄の兜、あるいはズングリした入道頭」と形容した塩見《しおみ》岳（三〇四七㍍）など、特徴を持った山もあるが、総じておおらかな山容で、岩壁が屹立したアルペン的な山が少ないことも、北アルプスに比べて展望のインパクトを弱めているのかも知れない。

しかし、じっと目を凝らして眺めていると、北アルプスにはない、心休まる山々の連なりであることに気づくだろう。

二百五十円で値千金の眺望

最近は長野新幹線に取って代わられた信越線だが、横川駅あたりから小諸《こもろ》にかけて展開する妙義《みょうぎ》山（一一〇四㍍）と浅間《あさま》山（二五六八㍍）が織りなす対照的な車窓の眺めを愛《め》でた人は多いだろう。しかし、私は上京する度に、中央線の富士見、小淵沢《こぶちざわ》あたりから韮崎《にらさき》にかけて、南アルプス・鋸《のこぎり》岳（二六八五㍍）、甲斐駒ヶ岳、鳳凰三山と対面するのを何よりの楽しみにしている。とくに長坂《ながさか》あたりで、レールが左右に大きくカーブし、それぞれの山が入れ替わり立ち替わり車窓に展開するとき、どれがどの山か思わず見分けようとして、しばし酔眼は正気にもどる。

これが、八《やつ》ヶ岳南部の編笠《あみがさ》山（二五二四㍍）や三《み》ツ頭《がしら》（二五八〇㍍）の裾野に位置する山梨県大泉村や、高根町箕輪あたりから望むと、鋸岳と甲斐駒ヶ岳の山名の由来となったその山容、そして地蔵《じぞう》岳（二八六四㍍）のオベリスクと呼ばれる花崗岩の積み石のような巨石が、一段とはっきり見える。とかくこの一帯では富士山（三七七六㍍）に目が行きがちであるが、八ヶ岳の観音《かんのん》平（一五八〇㍍。地図②）や天女《てんにょ》山（一五二九㍍）では、早川《はやかわ》尾根越しに北岳もすっくと顔を出す。

山梨県は平成十年（一九九八）、清里《きよさと》高原有料道路（三・一㌔）を開通させ、その料金ゲートを入ってすぐ先に、地上高百十メートル、橋の長さ四百九十メートルの「高原大橋」（①）が誕生した。ここからの眺望が値千金なのである。真正面に八ヶ岳の赤岳（二八九九㍍）、権現《ごんげん》岳（二七一五㍍）がそびえ立ち、振り向くと富士山が大きく裾野をひろげ、その間には南アルプス北部の峰々がひしめいている。一つ所にいて〝三山展望〟。これほど贅沢な山岳展望を味わえる場所は、そうはないだろう。

開発を行なった山梨県も、新名所の価値を心得ているようで、車道とは別に歩道を併設し、橋の両側には駐車場もつくった。平成十一年の通過車両数は七十万台と、予想をかなり下回ったらしいが、この千金の展望が知れ渡れば、人気のスポットになる可能性は十分にある。何とかタワーやロープウェーの料金を考えれば、通行料二百五十円は安い、と思うのだが。

徳本峠と双璧をなす夜叉神峠の大展望

山梨側からの南アルプスの眺望では、勝沼から甲府にかけての白峰三山の遠望を忘れるわけにはいかない。とくに春四月、一宮《いちのみや》あたりの桃畑が一斉に花開き、一面の桃の花の上に白峰三山が浮かぶ姿は、まさに春爛漫である。

白峰三山の近景の第一には、やはり夜《や》叉神《しゃじん》峠（一七七〇㍍。③）からの眺めを挙げざるを得ない。それは、北アルプスの徳本《とくごう》峠から穂《ほ》高《たか》連峰を望むのと双璧をなしている。峠に登り着いて突然、眼前に三〇〇〇メートル級の山並みと対面するドラマが待っているのである。

夜叉神峠から三十分ほど尾根を辿った高谷《たかたに》山（一八四二㍍）は、静かな展望をゆっくりと楽しめるピークだ。

山梨側では、他に丸山林道の池ノ茶屋分岐（④）付近、十石《じっこく》峠などが好展望台として挙げられるが、主脈の眺めはやや遠い感を否めない。

南アルプスは南部へ行くにつれ高度を下げ、里山となって広がりを見せる。そうした地勢からして、静岡県に含まれる南アルプスは、大井川源流にまで及ぶ広範な地域だが、手軽な展望ポイントとなると、なかなか見つからない。「県民の森」近くの笹《ささ》山（一七六三㍍）あたりから、正面に大無間《だいむげん》山（二三二九㍍）や聖岳などが望めるが、やや遠い。井川湖から山梨側の雨畑《あめはた》湖へ通じる長い林道の、山伏《やんぶし》岳（二〇一三㍍）直下にある大笹峠で赤石《あかいし》岳（三一二〇㍍）や聖岳の眺望を得られそうだが、私が山伏岳に登った日は天気が悪く、確認できなかった。

夜叉神峠からの大パノラマ

伊那谷の河岸段丘からの好展望

伊那谷という呼称に、時として抵抗を感じるのは私だけであろうか。飯田市の南の天竜峡から泰阜《やすおか》ダムにかけては確かに「谷」であろうが、上伊那地方や下伊那の北半分は「谷」のイメージからは程遠い。そこには、天竜川をはさんで東西二〜四キロの幅で河岸段丘が広がっている。

そんな長野県側からは、白峰三山は容易には望めないが、伊那市から飯田市にかけては、前山越しだが、甲斐駒ヶ岳、仙丈《せんじょう》ヶ岳（三〇三三㍍）、三峰《みぶ》岳（二九九九㍍）、塩見岳、赤石岳と続く山稜を仰ぎ見ることができる。とくに中央アルプス側段丘の上部へ行くほど、峰々が際立って見えてくる。高森町の町道「ハーモニックロード」、駒ヶ根高原、伊那市羽広などは、その手軽な展望コースである。

ちょっと歩きを入れたお奨めポイントの一つに、中央道・松川インター近くの小八郎《こはちろう》岳（一四七五㍍。⑧）がある。山腹の鳩打《はとうち》峠を通る林道から四十分ほどで登れる。今は治山工事中なので騒々しいが、中央アルプスの烏帽子《えぼし》ヶ岳（二一九四㍍）、念丈《ねんじょう》岳（二二九一㍍）の眺めもあって、広々した山頂の楽しみは倍加するはずである。

もう一つ、飯田高原の上部もいい。別荘地の手前から清内路《せいないじ》村へ抜ける林道に、小八郎岳と同じ名の鳩打《はとうち》峠（⑨）がある。その峠の下をうがつトンネルの手前から、信濃路自然歩道を十五分も登って尾根筋に出ると、そこには南アルプスの山並みが広がっている。この先、高鳥屋《たかとや》山（一三九八㍍）、梨子野《なしの》峠へと続く尾根道は、それほどアップダウンもなく、聖岳、赤石岳、塩見岳の眺望をほしいままにできるプロムナードである。初冬でも雪は多くないので、少し山歩きの経験のある人なら心配ないだろう。

間近に南アルプスと対面できるポイントとしては、伊那谷の裏道、かつての脇往還「秋葉街道」の上村から登るしらびそ峠（一八三三㍍。⑥）がよく知られている。足下に深い谷を隔てて、どっしりした聖岳や大沢《おおさわ》岳（三〇一九㍍）を正面に見る雲上の展望所である。地元の上村も〝展望観光〟に力を入れ、立派な山荘や広場を用意している。

上村から南へ「日本のチロル」とも呼ばれる下栗へかけての林道も、観光の車が目につくようになった。その途中、御池山（一九〇五㍍）まで足をのばしても、大きな展望を得られる。

町の文化会館から見える圧巻のパノラマ

中央アルプスは、南アルプスと比べると、山の背丈も山脈の長さもやや小ぶりである。だが、伊那節で「東仙丈、西駒ヶ岳、中をとりもつ天竜川」と唄われるように、伊那市から駒《こま》ヶ根《ね》市、飯島町にかけては、視界をさえぎる前山もなく、三〇〇〇メートル近いピークがすっきりと眺められる場所に恵まれていて、南アルプス以上に住民には親しまれている。

中央アルプスのシンボル的な峰は、地元では西駒ヶ岳の名で通っている木曾《きそ》駒《こま》ヶ岳（二九五六㍍）、空木《うつぎ》岳（二八六四㍍）、南駒ヶ岳（二八四一㍍）だろう。南アルプス側、つまり天竜川左岸の河岸段丘に立つと、この三峰を一望できるところは少なくないが、極めつけの好展望台

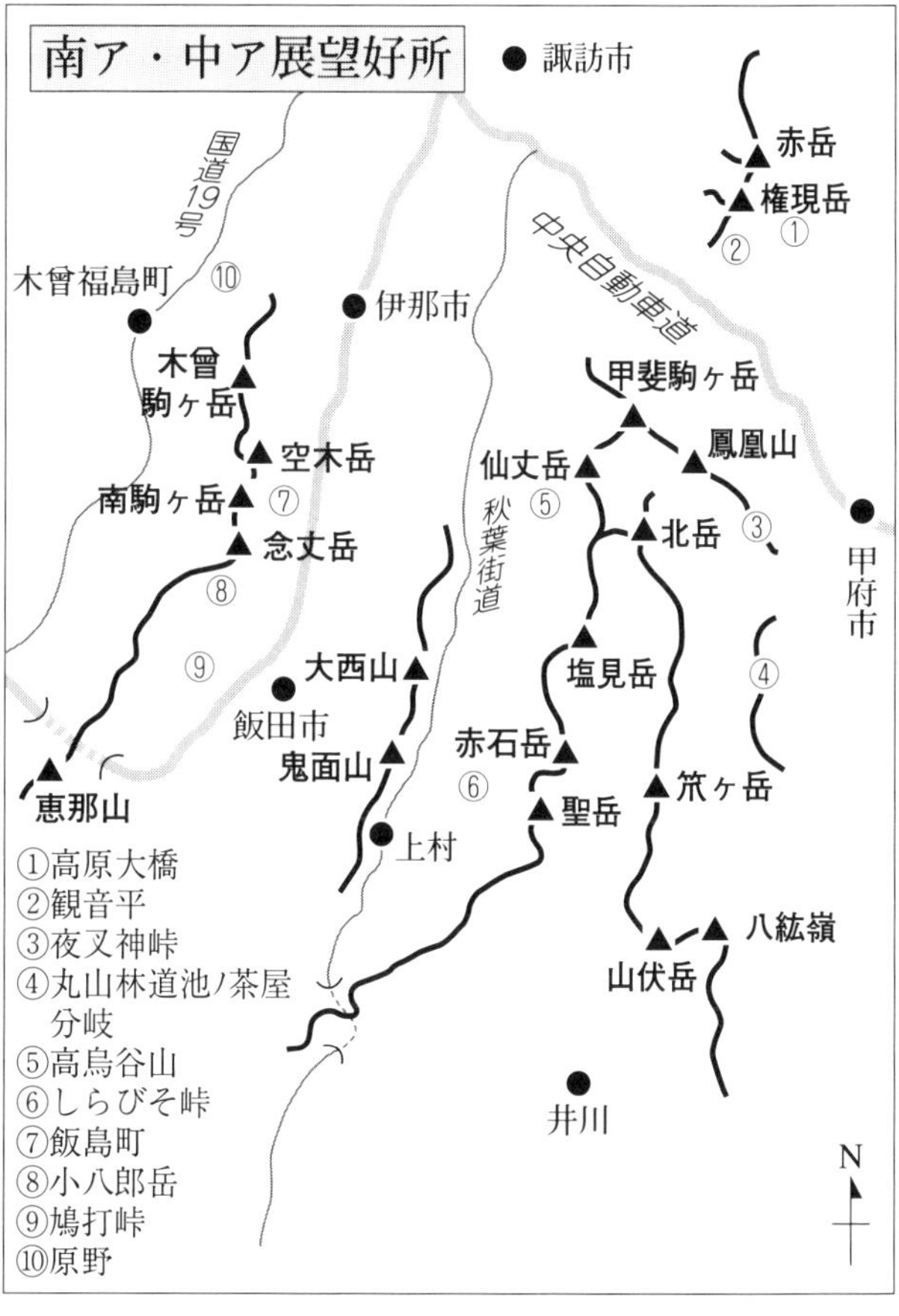
南ア・中ア展望好所
諏訪市
赤岳
権現岳
①
②
国道19号
中央自動車道
木曽福島町
⑩
伊那市
木曽駒ヶ岳
空木岳
南駒ヶ岳
⑦
念丈岳
⑧
⑨
恵那山
甲斐駒ヶ岳
鳳凰山
仙丈岳
⑤
秋葉街道
北岳
③
甲府市
④
大西山
飯田市
塩見岳
赤石岳
鬼面山
⑥
笊ヶ岳
聖岳
上村
八紘嶺
山伏岳
井川
N
①高原大橋
②観音平
③夜叉神峠
④丸山林道池ノ茶屋分岐
⑤高烏谷山
⑥しらびそ峠
⑦飯島町
⑧小八郎岳
⑨鳩打峠
⑩原野

は高鳥谷山《たかずや》（一三三一㍍。⑤）だといえる。

伊那市と駒ヶ根市の境に位置するこの山へは、地元の人たちが「スカイライン」と呼ぶ舗装道路が通っていて、苦もなく山頂近くまで行ける。山頂はまさに伊那谷の展望塔と呼ぶにふさわしく、正面の中央アルプスの峰々ばかりでなく、南アルプスの鋸岳から赤石岳あたりまで、さらには遠く北アルプスの山並みも望むことができる。山頂には山小屋、一休みするためのあずまやもあり、小公園の趣がある。隠れた名所といえるだろう。

日本最南端のカールといわれる摺鉢窪《すりばちくぼ》の百間《ひやくけん》ナギを抱える南駒ヶ岳から仙涯嶺《せんがいれい》（二七三四㍍）へ至る山の連なりは、他に類をみない迫力に満ちている。ことに残雪期、朝陽を浴びて赤く輝くさまは、ヒマラヤの「神々の座」を連想させるものがある。天竜川左岸の駒ヶ根市中沢などからの眺めもよいが、南駒ヶ岳直下の飯島町（⑦）の文化会館あたりからふり仰いで見ると、山が覆いかぶさってくるような迫力に圧倒されることだろう。百間ナギと呼ばれる崩落激しい凄惨な山襞も、手に取るように見えるはずだ。

木曾側の関心は御嶽山

木曾谷は、伊那谷とは対照的に深く、狭い。木曾川べりにへばりつくように点在する集落から直接、中央アルプス主稜を望めるのは、木曾駒ヶ岳から流れ下る正沢川が、木曾川本流と合流する原野（⑩）くらいではないかと思う。主稜へのアプローチも、概して木曾側からのほうが長く、そして険しい。

木曾山脈という本来の名称をはじめ、木曾駒ヶ岳、木曾《きそ》殿越《どのごえ》、木曾前《まえ》岳など、中央アルプスの山には「木曾」の名が多く冠せられているが、その由来はどうも伊那側から見てのことのように思われる。というのも、木曾谷の住民の関心は、もっぱら西の御嶽《おんたけ》（三〇六七㍍）のほうにあって、木曾節の中で中央アルプスの山が唄われているフレーズはないからである。

木曾谷の南端、南木曾《なぎそ》町から木曾三岳の一つ、南木曾岳（一六七七㍍）に登ったとき、中央アルプスの〝西向きの顔〟を初めてまともに眺めることができ、感激したのを覚えている。

その南木曾町の木曾川右岸へ流れ込む柿其《かきぞれ》渓谷の上部に恋路《こいじ》峠がある。この峠からの中央アルプスの展望もまずまず。最近は格好の展望ヤグラもできた。

3　仏名のつく山と峠

山に響きわたる般若心経

山梨県の御坂《みさか》山塊に釈迦《しやか》ヶ岳（一六四二㍍）という、ひっそりした山がある。日本山岳会選の三百名山にも、その名は加えられていない。

しかし、別名、神座《じんざ》山ともいわれるように、頂上には何か神仏の台座と覚しき石もあり、三百名山の選にもれたのが不思議に思えるほど、富士山を正面にすえるその眺めは素晴らしい。東京近郊のそれほど知られていない、いい山の一つであろう。

その釈迦ヶ岳に登ったときの話である。

いわくありげな台座に腰を下ろし、ウィスキーをちびりちびりやりながら、静かな山の風韻《ふういん》を味わい、一人悦に入っていたところ、なにやら物音がして、四十歳前後だろうか、男性の二人組が登ってきた。二人はひと息ついて、何事か相談をはじめると、

「それじゃあ、般若心経で行こうか」

という声が聞こえた。

二人が直立したその前には、身長三十センチほどの二体の石仏があった。たぶん山名からして、釈迦如来の石像なのだろうか。しかし、山や峠の名に多い地蔵、観音、不動などの石仏の見分けがつかない私には、二体の石仏に赤い法衣が着せられていたことぐらいしか記憶に残っていない。

やがて朗々たる「観《かん》自《じ》在《ざい》菩《ぼ》薩《さつ》行《ぎょう》深《じん》般《はん》若《にゃ》波《は》羅《ら》蜜《みっ》多《た》時《じ》……」という読経が、富士にまで届けとばかりに山頂の冷気を震わせた。二人の読経の迫力もさることながら、ウィスキーの合奏もあって、しばし私は心豊かに法悦の世界に浸っていた。

釈迦ヶ岳の石仏

十三の仏様が勢ぞろいしている山

山岳信仰と仏教の習合もあって、日本の山は神仏との関わりが多種多様である。北アルプスや南アルプス、それに北海道の深山を除けば、大半の山々が、明治期に近代登山が幕開けする以前に、神仏の〝洗礼〟を受けていた、といっても過言ではあるまい。

だから、山頂や峠、あるいは山道の路傍に石仏が佇んでいても、何の違和感もないだけでなく、山名、地名、あるいは巨岩や滝に、驚くほど多くの仏教に由来する名が冠せられていることからも、そのことは窺える。

深田久弥先生が「スックという形容がそのままあてはまる気高いピナクルである……古くから私の好きな山であった」と、百名山に加えた戸隠《とがくし》連峰の高妻《たかづま》山（二三五三㍍）は、その頂上までいくつもの石仏が連なっている。

戸隠山とのコルの一不動は、表山（戸隠山の地元での呼称。高妻山、乙妻山を裏山という）からの登山者が通るところであり、避難小屋もあるので、よく知られているが、ここを起点に、奥の高妻山へ向かって、二釈迦《しゃか》如来《にょらい》、三文殊《もんじゅ》菩薩《ぼさつ》、四普賢《ふげん》菩薩と四、五百メートル間隔で石仏が祀られている。五番目は地蔵《じぞう》菩薩のある、一休みしたくなる顕著なピークで、ここまでは私も空でいえるが、その先となると心もとない。

ものの本によって述べれば、このあと六弥勒《みろく》、七薬師《やくし》、八観音《かんのん》、九勢至《せいし》、十阿弥陀《あみだ》、十一阿閦《しゅく》、十二大日《だいにち》と仏が安置されている。そして十番目の阿弥陀如来が高妻の山頂で、一時間ほど奥の乙妻山頂の虚空蔵《こくうぞう》菩薩に御参りして〝あがり〟となる。

峨々《がが》たる山塊の戸隠連峰は、平安時代から修験《しゅげん》の山だった。今も鬱蒼と杉木立が二キロ余も続く戸隠神社奥社への参道周辺には、一時期、何百もの修験者らの院坊があったという。修験者らは、奥社上部の百間長屋と呼ばれる、凝灰角礫岩《ぎょうかいかくれき》の山、戸隠ならではの各所に点在する岩窟に籠もり、修行を重ねた。そうした行の〝卒業〟の儀式が高妻山登山だったといわれている。

地蔵峠に観音像

一つの山で十三の仏様が勢ぞろいしているのは高妻山の他にあるかも知れないが、全国でこうした十三仏の名が冠せられている山や峠はじつに多い。『コンサイス日本山名辞典』から拾ってみると、別表のようになる。

山名では「薬師」が、峠名では「地蔵」が群を抜いてトップである。不老長寿の妙薬とまではいかないが、なにがしか効き目のある薬は人里遠く離れた深山にあると思われたのだろうか。

十三仏の名がついた山と峠の数

不動明王	14	3
釈迦如来	12	—
文殊菩薩	7	—
普賢菩薩	2	—
地蔵菩薩	26	22
弥勒菩薩	—	—
薬師如来	31	7
観世音菩薩	12	2
勢至菩薩	1	1
阿弥陀如来	3	1
阿閦如来	—	—
大日如来	13	1
虚空蔵菩薩	20	—

左＝山。右＝峠（『コンサイス日本山名辞典』による）

まあ冗談はともかく、「薬師」と名のつく山は、高峰でありながら地味な山容が多いのは不思議である。医学の発達を見なかった時代、仰ぎみる山に健康への願いをこめようとした衆生《しゅじょう》の思いを垣間見る思いがする。

峠で一位の「地蔵」には、旅の安全を祈った旅人たちの心情が窺えるが、数ある地蔵峠の中でも長野県東部町と群馬県嬬恋《つまごい》村の境にある、湯の丸山鞍部の峠（一七三三㍍）はユニークである。今では県道九四号、東部《とうぶ》—嬬恋線が越えるこの道は、江戸時代までは信州側から峠を越えて二キロほど下った鹿沢《かざわ》温泉、その先の草津の湯へと出かける湯治道だった。その当時、東部町の北国《ほっこく》街道との分岐点から鹿沢温泉までの間に、なんと百体の観音像が安置されていたのである。湯治に出かける足弱な人たちへの勇気づけの意味か、道標としてか、恐らくその両方であったと思われる。分岐点が一番、峠は八十番で聖観音。鹿沢温泉はもちろん百番（千手観音）である。

ただ、置かれているのは観音像なのに、峠の名が地蔵峠というのが奇妙である。

十年ほど前、東部町が調べたところ、その観音像のうち四十体近くが消えていた。そこで、東部町は町内外の篤志家に呼びかけて寄付を募り、新たにより大きい立派な観音像を補給して、現在は百体そろっている。今は冬季でも車の往来が激しい峠道を、一体、一体お参りしながら歩く人を見かけることはないが、車道と少し離れた往時の道にぽつんぽつんと無言で立っている昔からの観音像には、耐えてきた風雪がにじみ、得もいわれぬ風情がある。

鹿沢温泉に古くからある旅館、紅葉館《こうようかん》の入口には、山の愛唱歌「雪山讃歌」の石碑がある。大正末、旧京都帝大山岳部員だった西堀栄三郎氏（南極越冬隊長、原子力委員などを歴任）らが、この一帯で雪に降り込められていたとき、その徒然《つれづれ》に、アメリカ民謡のメロディーに日本語の歌詞をつけ、雪山讃歌ができ上がったという由来がある。

飯田市と上村を結んだ小川路峠も観音の道で、三十三番目が峠。昔道の風情を今もとどめている。

4　岩・樹・雪の芸術

屋久島で見た超幻想的な風景

他愛のないことかも知れない。自然の摂理からすれば、当たり前の現象なのだろうが、その姿、その光景に接したとたん、理屈抜きに心を揺さぶられることがある。

何年も、何十年も山に登っていて、今でも驚かされるのは、生命のないはずの岩や雪、あるいは物いわぬ樹木が織りなす自然の造形の不思議である。そうしたたくまざる自然の芸術を目の当たりにした残像は、歳月がどれほど経とうが、折に触れ瞼の奥に鮮明に甦ってくるものである。

雨と杉と、猿や鹿——。私の屋久《やく》島・宮之浦《みやのうら》岳（一九三五㍍）に対するそういう先入観は、実際の印象によって大きく崩された。一年〝三百六十六日〟雨が降るとか、縄文杉の鬱蒼とした森、そこに棲息する野生の猿や鹿、というのが私の屋久島に抱いていたイメージだった。確かに淀川《よどご》の小屋から花之江河《はなのえご》あたりまでは、イメージどおりの顔を見せていた。しかし、黒味《くろみ》岳、投石岳を望むところへ出たとたん、それぞれのピークが、あたかもギリシャ神話の地球の端に立って天を支えるアトラスのように、巨石を持ち上げているかのような光景が目に飛び込んできた。目を奪われる、というのは、このような驚きを指すのかと思った。

さらに進むと、安房《あんぼう》岳、そして翁《おきな》岳と、どの山も、頂きに大きなコブのような巨石を乗せている。目が釘づけになった。折からの朝霧が翁岳の全容を見え隠れにし、流れる霧のベールの向こうから巨岩、奇石が、すっと顔をのぞかせる。座禅を組んだ大猿、こちらへ尻を向けた巨象、あるいは恐竜を思わせる巨岩……。

隆起した花崗岩が、割れ目の少ない岩質だったこともあって、雨の多い気候の洗礼を受けて〝大味な〟変形をした——というのが、専門家の解説である。大味どころか、私には、地質と気象の合作芸術のように見えた。

古めかしい言い方をすれば、あまりにも幻想的な、今風にいえば超アンビリーバブルな山容とその頂きの上のコブ岩が気になり、翁岳に登ってみた。二つのコブは、それぞれ十〜十五立方メートルほどもあろうか。今にも落ちそうに大岩の上に乗っていたが、何十年、いや何百年、そうやって〝鎮座〟しているのだろう。

こういう岩は、屋久島でなくても見ることができる。そのミニチュア版ともいえるのが、平《ひら》ヶ岳（二一四〇㍍）の「たまご石」であろう。

「たまご石とその土台の岩は、ひと続きの花崗岩でできている。花崗岩の節理（割れ目）にそって風化が進み、節理に囲まれたかたまりのしんが残ったものが『たまご石』です」

石の前に立てられた案内板の解説である。

〝単品〟の岩が面白い

「たまご石」にとどまらず、〝単品〟としての奇岩を、その山のキャッチフレーズ、あるいは山名そのものにしているところは多い。烏帽子《えぼし》、天狗の名のつく山の大半は、まずその類と思って間違いない。鳳凰三山の地蔵岳の通称「オベリスク」や奥秩父・金峰《きんぷ》山の五丈石《ごじよう》も、そうした奇岩といえるだろう。

昔の人たちは余計なことを考えず、発想がシンプルだった。今のように移動する距離も大したことはなく、同一名の山（あるいは川）に出会うことはまずなかった——といってしまえばそれまでだろうが、それにしても「烏帽子」という名はごまんとある。北アルプス、中央アルプス、南アルプスはもとより、松本市郊外の美ヶ原へ連なる山稜にも、烏帽子はある。この烏帽子岩は、松本から美ヶ原へ向かう途中からも望め、そこから見ると「烏帽子」とはよくぞ名付けたり、といいたくなるほどぴったりの形容である。

岩山といえば、穂高岳、剣《つるぎ》岳、あるいは谷川《たにがわ》岳、妙義《みようぎ》山、ロッククライミングをする人なら北アルプス・糸魚《いとい》川近くにある明星《みようじよう》山、南アルプスの北岳、鋸岳、三重県の御在所《ございしよ》岳、四国生まれの人なら石槌《いしづち》山、東赤石山を連想することだろう。これらフェース（岩壁）として立派なものを持つ山も感動ものではあるが、〝単品〟の巨石、奇岩も、じつに味わい深い。

そう考えていくと、乳頭山《にゆうとう》(秋田県)や小秀山《こひで》(岐阜県)にも烏帽子《えぼし》岩があるし、思いつくままに奇岩の〝単品〟を並べてみると、関東から東北へかけてなら、五葉山《ごよう》(日ノ出岩)、森吉山《もりよし》(冠岩)、迦葉山《かしよう》(胎内潜岩《たいないくぐり》)があるし、北海道・利尻山《りしり》や西上州・妙義山のローソク岩や丁須岩《ちようず》、山梨県には太刀岡山《たちおか》(ハサミ岩)、筑波山《つくば》(出船入船など)、さらに中央アルプス・将棊頭山《しようぎがしら》(行者岩)、紀州の釈迦《しやか》ヶ岳(ふたご岩)……。燕岳《つばくろ》(蛙岩)、まだまだ沢山ある。私の知らない〝単品〟に至っては、恐らく枚挙にいとまがないものと思われる。

有名なものはさておき、岩に名こそついていないが、宮之浦岳とともに鮮烈な印象を受けた山がある。北海道のトムラウシ山と信州・川上村の屋根岩である。

トムラウシは、山自体も北海道を代表する名山に挙げられているが、前トムラウシ山から主峰にかけては、それこそ石彫の公園といっても過言ではない奇岩を目にすることができる。短い夏場には、緑したたる草付きをバックに、ウサギ、カメ、シカなど、数え切れぬほどの動物が躍動感あふれる姿のまま静止したような、大自然が造形した楽しい絵画を堪能できるだろう。溶岩を厳しい冬の氷雪が長い歳月をかけて刻み込んできたものだろうが、そんな理屈は抜きに、あの岩はサル、この岩はパンダなどと、想像をたくましくして登ってみるのも一興であろう。

屋根岩のほうは、対山の金峰山の五丈石、特異な岩峰を持つ瑞牆山《みずがき》などと同じ花崗岩帯に属すると思われるが、〝彼〟だけが緑の衣を脱ぎ捨てて、五、六百メートルにわたって荒々しい岩肌をむき出しにし、あたかもこの山域の衛兵のような面構《つらがま》えをしている。近づいてみると、

ふたご岩（紀伊・釈迦岳）

座禅石？（屋久島・翁岳）

ハサミ岩（山梨・太刀岡山）

胎内潜岩（群馬・迦葉山）

荒々しい山容とは裏腹に、仏像を彫り上げたような岩が次々と現れる。柱状節理の発達がはっきりしているので、一点一点、展示された石像を見ているかのようである。ここは小川山へと続く裏コースに当たっているが、まだ人影も少ないお薦めスポットの一つである。

「孤木」ダケカンバ

白樺の詩情については、これまでどれほど語り尽くされ、謳《うた》い尽くされてきたことだろう。カバノキ科のシラカバは、もともと伐採地などに根づく落葉喬木だから、ある意味では自然林破壊のシンボルの樹、といえなくもない。まあ理屈はともかく、シラカバの白い木肌は高原とマッチすることは、多くの人の認めるところだろう。

しかし私は、同じカバノキ科でもなぜかダケカンバの方に強くひかれる。岳樺《だけかんば》はその名の如く、白樺より高所に自生している。樹皮は淡褐色で、すぐに枝分かれするのが特色だ。それだけに素直な〝木の形〟をしたものは少ない。肩肘を張ったり、寝ころんだり、傲然と胸を突き出していたり……。風雪の厳しい高所を棲み家としているダケカンバは、実にさまざまな姿をしている。

素人観察なので確たる自信はないが、本州と北海道のダケカンバ林にはかなりの相違があるように見受けられる。私の知る信州では、北アルプス・大天井岳《おてんしょう》から横通岳《よことおし》、後立山連峰の遠見《とおみ》尾根、赤岩《あかいわ》尾根周辺、美ヶ原南面の胸壁などで、かなり固まったダケカンバの純林が見られるが、それでもシラベ（シラビソ）やコメツガのように密生している地域は少ない。支尾根に沿ってまばらに縦縞模様をつくったり、ブロックを形成している程度である。

ところが北海道では、中腹が全山ダケカンバ一色という山をほうぼうで見かける。天塩《てしお》岳や暑寒別《しょかんべつ》岳、とくに幌尻《ほろしり》岳の登山道に沿った尾根筋で見たダケカンバは見事だった。

この違いはどこから来るのか。北アルプスなどの急峻な地形では、雪崩や積雪量が深く関わっているのかも知れない。北海道で見たダケカンバの樹々の葉の方が、私の眼には総じて浅緑のモノトーンに映ったことと合わせて、専門家のご教示を願いたいところである。

ともあれ、ダケカンバは〝十本十色〟といってもいい枝ぶりを見せてくれる。

東北の残雪期の白神《しらがみ》岳（一二三五㍍）で出会ったダケカンバたちは、〝ひと姿もふた姿〟も変わった個性にあふれていた。樹々はそれほど大きくないが、百八十度以上も枝を曲げた樹も多く、頭をさまざまな形で雪の中に突っ込んでいる。枝をふところに抱き込むようにしたものもあった。いわば、ダケカンバの活け花展といった趣である。

北海道・狩場《かりば》山では、寝そべったダケカンバをまたぐように登山道が続いていた。

信州のダケカンバを多く見てきた私は、ダケカンバに「孤木」の印象を持っていた。「雨ニモ負ケズ……」の出だしで知られる、あの宮澤賢治の詩をダケカンバに重ね合わせていた。実際、そんなふうに強がっているように見えるダケカンバに共感を覚えるのは私だけではないらしく、山岳写真展などではダケカンバを主人公に雪や斜光を配した作品をよく見かける。美ヶ原の台上に生えている、あるダケカンバがマニアの間で、撮影スポットになっているとも聞いた。

ダケカンバは、その地、その地の積雪や風向に合わせ、変幻自在に自らの姿を変えている。クセが強そうに見えても、その実、しなやかな性格をしているものと思われる。

ダケカンバに限らず、極限の地で生きる樹は、姿、形にこだわらない。ガレ場で根を半分以上むき出しにしながら生きているハイマツ、崖の岩に根をからませてなんとか立ち上がっているヒノキなどを目にすると、思わず感動してしまう。強風の通り道になっている山岳地形にあるヒノキ林やアスナロ林は、「右へならえ」の姿勢で整列している。それが顕著な樹林帯を、南アルプスの大無間山（二三二九㍍）や岩手県の五葉山（一三四一㍍）の山頂付近で見たことがある。

カラマツは育ちが速いせいか、風雪の厳しい地では、早々と〝芸術作品顔〟をする。片腕を伸ばし、頭をすぼめ、まずは長崎の「原爆の像」か、岡本太郎の大阪万博「太陽の塔」を演じる。信州・鉢盛《はちもり》山の稜線つづきにハト峰というコブがあるが、そのアキンド平と呼ばれる一帯の鞍部は、野放図といってもいいようなカラマツの一大展示会場である。アヤメで知られる山梨県の櫛形《くしがた》山（二〇五二㍍）では、山頂部に幹回り三、四メートルはありそうなカラマツの巨木が随所にそびえている。

カラマツといえば、ハト峰と梓川をはさんで対山にあたる金松寺《きんしょうじ》山で、一風変わったカラマ

ハイマツ（北アルプス・蓮華岳で）

ダケカンバ（北海道・斜里岳）

樹のオブジェ（静岡・天狗石山）

ツを見かけた。枝が柳のように垂れ下がっている、いわば枝垂《しだ》れカラマツである。たった一本だが、かたわらには由緒を記した立て札もある。素人の私には、どのていどの貴重さなのか、判断できかねたが……。

半世紀前まで日本中がブナ林

さまざまな思いを呼び起こさせる山の樹々たちだが、安らぎを与えてくれる樹といえばブナであろう。

わずか半世紀前まで、ブナは日本列島のほとんどの地域で〝あるじ顔〟をしていた。例えば、ミズバショウで知られるようになった鬼無里《きなさ》の裾花《すそばな》川源流域は、三十年ほど前までは、斜面という斜面がブナで覆われていた。それが今は、ミズバショウの群生地など限られた地域だけにしか見られなくなった。白神山地だけでなく信州でも、ブナの保存の声が高まり、飯山の鍋倉《なべくら》山、黒倉《くろくら》山、志賀高原のカヤの平などのブナ林に注目が集まっている。

その点、白神山地に代表されるように、東北地方には、太平《たいへい》山や真昼《まひる》山地など、かつてのブナ林の雰囲気をとどめている山域がまだ多い。中でも私は、奥会津の志津倉《しづくら》山のブナ林の美しさが忘れられない。

志津倉山は、べつに標高の高い山ではない。語呂のいい一二三四メートルだが、背が低いくせに、岩城のように尾根の直下に岩壁を張り巡らせている。そうした地形が伐採を拒否してきたのか、尾根筋も中腹も、太古のままのブナが息づいている。とくにブナ平といわれる一帯は、その名の通りのびのびとした巨木が多い。紅葉の盛りの十一月だったこともあって、秋の陽差しに黄金の針の葉を揺すらすさまは、絵になっていた。近くの博士《はかせ》山のブナも見事である。

一山行一樹、といっても過言ではないほど、どこの山へ行っても、はっとさせられる奇樹、巨木、独特の林相を見出すことができる。季節や天気にも左右されるが、南アルプス・黒法師《くろぼうし》岳（二〇六七㍍）、丸盆《まるぼん》山（二〇六六㍍）と連なる尾根で見たシロヤシオの群落は、あまり紹介されていないが、一見の価値は十分にある眺めであった。

火口原に現れる巨大なドーナツ

春の山歩きの楽しみの一つに、雪が残してくれたさまざまな紋様、造形との出会いが挙げられる。

北アルプス・爺ヶ岳の山腹に現れる種まき爺さん、白馬《しろうま》岳の代掻《しろか》き馬といった、よく語られる雪形のことではない。雪と気象、地形、樹木などが複雑にからみ合って生まれる、見方によっては予期せぬ〝雪の芸術〟とも取れる造形を発見することである。

春四月末、活火山として知られる秋田《あきた》駒《こま》ヶ岳へ登ったときのことである。

横《よこ》岳から主峰の男《お》岳（一六三三㍍）への稜線をたどっていると、左下（南面）の火口原に直径百メートル近い巨大なドーナツのような雪の紋様があるのを見つけた。やや盛り上がった火

雪の眼鏡。新潟・守門岳で

口の外縁だけは雪が消え、小さな火口を囲み、ぐるりと「の」の字を描いて残っている雪は、妙な譬えだが、あんをタップリ詰めたようだった。普段はのっぺりした噴火口跡に雪がアクセントをつけ、この時期、火口原を上から望めるこの位置からしか見られない、実にユニークな眺めであった。火口が大きすぎても〝絵〟にならない。秋田駒ヶ岳の知られざる名景ではないか、と思っている。

新潟県にある守門《すもん》岳は、標高は一五三七メートルとさして高い山ではないが、遅くまで残雪がある。その大岳から主峰への稜線で、人が楽にくぐり抜けられそうな奥行き二メートルほどの〝眼鏡雪〟ともいえる造形を見たことがある。

雪解けのころ、沢筋や岩壁の基部などの雪渓で、ブリッジ状になった似たような残雪はまま見かけるが、雪解け水などの影響を考えられない稜線上で、どうして〝眼鏡雪〟はできたのか。かぶさった雪庇《せっぴ》と、その下の雪の雪質が異なっていたり、あるいは風が関係したのかも知れない。専門家は、こうした自然の巧みな雪洞づくりのメカニズムを知っているのだろうが……。

雪解けの斜面に動物たちの絵巻

三重、四重に大きく年輪を描いたような雪紋は、ときどき見かけることがある。小さいものは直径二メートルぐらいだが、大きくなると五メートルほどのものもある。どうやらこれは、積もった雪の上に雪質の異なる雪が降ったりしたところへ、風などが関係して出来るものと思われる。円の中心がやや低く、段差状に一重ずつ縁をとって広がっているものが多い。新潟・粟立《あわだて》山（一三〇〇㍍）で見かけたものは、十度ほどの斜面に五重の輪が六、七メートルぐらいに広がっていた。

秋田駒ヶ岳に描かれた大自然の〝絵〟

北陸の大笠《おおがさ》山（一八二二㍍）では、斜面いっぱいに、まるで大絵巻を広げたような紋様を見かけた。千丈平へ下るピークの南斜面に、純白の雪と、やや色の濃い銀色に近い雪が、一～二メートルの幅で長い流紋をつくっている。傾斜のきついところほど、その流紋がはっきりしているところから見て、雪解けと高低差が関係していそうに思えた。

じっと目を凝らして、縦横百メートルを超える雪のカンバスを眺めていると、いろいろな動物たちが立ち現れてきて、具象画のようでありながら、そのあり得ない取り合わせに抽象画を見ているような錯覚にとらわれた。

樹の周りにできる雪の穴の謎

雪解けのころの山の湖や沼にも、捨てがたい風情がある。

北陸の野伏《のぶせ》ヶ岳（一六七四㍍）から下山途中、中腹の池塘地帯にさしかかったところ、池に無数の雪塊が斑《まだら》状に浮かんでいる自然の造形に、思わず目を見張ったことがある。融けきっていない一メートル前後の雪が、流氷群のように漂い、白山《はくさん》に続く一ノ峰や銚子《ちょうし》ヶ峰をバックに光り輝いていた。

北アルプス・風吹《かざふき》大池で、風に吹き飛ばされたと覚しい雪塊が、幾何学模様をなして並んでいるのを見たこともある。山域にもよるが、四、五月頃の湖沼は、意外な姿をわれわれに見せてくれる。一面の雪が融けかかって亀甲状になった尾瀬ヶ原も、見る角度によって千変万化する。日差しの好運に恵まれないと拝めない景観だが、ひたすら堪能したものである。

どこの山域でも、湖沼が山開きの序曲を奏でていることは、あまり知られていないようだ。

ところで、春の雪山に入ってみると、雪に埋もれた木々の幹の周囲だけ、雪が円形状に融け、根元の方まで深い穴をつくっているのを、目にされたことはないだろうか。豪雪地帯になると、人間一人がすっぽり隠れてしまうくらいの深さまで達する穴もみかける。こうした穴は、どのようにできるのだろう。どんな珍解答が出るか、山の仲間に質問をしてみた。

いわく――「樹は生きているから〝樹温〟があるんだ」、「枝についた雪が融けて、その水が幹を伝って流れ落ちるからだ」、「幹と雪のすき間に風が入り、雪を吹き飛ばしたり、融かしたりするのだろう」などなど。

ここはやはりその道のプロに尋ねるほかないと、よくお世話になっている信州大学森林学科の宮崎敏孝助教授に見解を求めてみた。

「一番の原因は、やはり日光の直射光と幹などではね返る輻射熱ですね。細かい調査はありませんが、反射熱の多い南面の方が穴が大きくなります。それから、日照時間との関係から穴は同心円ではありませんが、枝葉の多い樹林帯の中では円形に近くなります」

実に明快、なるほどと納得。山中の道標や電柱などの下に穴ができる理由も、これで分かった。素人がいだく春山の謎は、まだまだ尽きないが。

5　ロマンの舞台　越中奥山

佐々成政の埋蔵金伝説

春、立山《たてやま》の千寿《せんじゅ》ヶ原あたりから眺める鍬崎《くわさき》山（二〇九〇㍍）は幻想的である。雪をまとったピラミダルなその山容が、深く切れ込んだ常願寺《じょうがんじ》川の谷を挟み、見上げるというより、隣に浮き立つように見える。常願寺の谷が雲海におおわれていれば、その構図はなお一層きわだつ。

戦国時代の武将で富山城主だった佐々《さっさ》成政《なりまさ》（一五三六―八八）が、この鍬崎山に莫大な軍用金を隠したといわれ、その話を信じる人は今も少なくない。静かにたたずむこの山を見ていると、確かにそう思えてくる雰囲気を醸している。

鍬崎山は十数年前までは、途中の大品山までしか登山道がなく、その先、ピークへの道はしっかりついていなかった。だから登るには、山をおおうヤブが雪に埋もれている残雪期が選ばれた。里山の部類に入る山だが、その頂きに立つには四、五時間はかかる。私が最初に鍬崎山へ行ったときは天候が悪く、途中で引き返し、二度目でようやく伝説の山に立った。

佐々成政の埋蔵金の隠し場所については異説も多く、黒部《くろべ》源流の岩苔《いわごけ》平あたりであるとか、同じ黒部源流でも高天原《たかまがはら》とかカベッケヶ原だという説もある。詳しいことは歴史書に譲るが、ここでは、三俣《みつまた》山荘の小屋主、伊藤正一さんの『黒部の山賊』という本を読んでみることをお薦めする。それによると、世の中にカネも職もろくになかった第二次大戦後の一時期、俗にいう山師やカネの亡者たちが、言い伝えや占いを頼って、成政が隠したという黄金の小判を納めた四十八といわれる壺を探しに、黒部川一帯を徘徊した様子が描かれている。

「雪の針ノ木越え」は本当か？

今となっては、埋蔵金伝説を真に受ける人はそういないだろう。しかし、豊臣勢に囲まれた成政が、天正《てんしょう》十二年（一五八四）の旧暦十二月、手勢五十名（九十余人という説もある）を引き連れて、遠く三河の徳川家康に救援を求めるため、富山城を発し、立山のザラ峠を越え、五色《ごしき》ヶ原—平《たいら》ノ渡し—針《はり》ノ木《き》峠を経て信州の野口村大出《おおいで》（現在の大町市）へ出たという、いわゆる「雪の針ノ木越え」の話の方は案外信じられているようである。

大町市関係者などがその証として挙げるのが、大町市の西正院にある大姥《おおうば》尊像の存在である。前途の難路通行の安全を立山の大姥堂に祈願した成政は、そこの大姥尊像を譲り受け、従者に背負わせて針ノ木越えをし、無事下山して大出の西正院にそれを安置した、というのである。大町市ではこの伝承を記念して、毎年、成政の大名行列を催したり、登山案内人組合の記念行事に「針ノ木越え」の逆コース登山を行なうなどしている。

しかし、最近になって興味深い異説が出された。九州大学大学院の服部英雄教授が山岳雑誌「岳人」の一九九七年一、二月号、「歴史読本」の同年九月号に発表したもので、それによると、成政が実際に越えたのは針ノ木峠ではなく、長野・岐阜県境の安房《あぼう》峠だったのではないか、というのである。

その推定の根拠として服部教授が挙げているのは、次のようなことである。

まず、峠をはさむ長野側の安曇《あずみ》村と岐阜側の上宝《かみたから》村の双方で、安房峠をかっては「ザラ峠」「ザラ越え」と呼んでいたことが、郷土史研究者らの調べで分かった。次に、富山からは針ノ木峠を越えるよりも、目的を達するなら安房峠を越える方が時間も早いし、途中に集落もあって冬でも越えやすい。さらに、『太閤記』には「さらさら越えは富山から深志《ふかし》に至る道」とあることを指摘している。深志は、松本の古い地名である。これらのことから、佐々成政が大町を通ったとは考えにくい——というのである。

コロンブスの卵ではないが、いわれてみると合点のいくものがある。成政の山越えは旧暦十二月二十二日とされているが、これを下山日と考えれば、新暦の一月末か二月上旬という、まさに厳冬期に北アルプスを越えたことになる。立山のザラ峠は標高二三五三メートル、針ノ木峠は二五四一メートルという高さで、場所によっては積雪十メートル近くもある。しかも、まだ新雪の時期である。装備が格段によくなった現在でも、「厳冬期の針ノ木越え」が可能かどうか。

一つには、雪崩の心配である。成政が仮に針ノ木峠を越えたとしてだが、針ノ木雪渓では、昭和初期、早大山岳部が雪崩で遭難し、当時、社会的に問題になったことがあるくらい、針ノ木谷は雪崩の要注意箇所である。また、成政の道中とされるルートに近い室堂の松尾峠では、大正十二年（一九二三）、あの槇有恒《まきありつね》さんらのスキー登山のパーティーが、折からの吹雪に遭難、一行のうち板倉勝宣《いたくらかつのぶ》氏が亡くなるという悲劇の舞台となった。

次に、成政一行は平ノ渡しを渡ったことになっているが、今では姿を消した黒部川の激流に吊られたロープをカゴで渡るのは、夏場でも容易なことではなかった。しかも、厳冬期に五十人とも九十人ともいわれる大人数で渡ることができたのか。凍りついた縄を手繰っての渡河は、かなりの難作業だったと考えられる。

いったい成政はこの山越えに何日を要したのだろう。その食糧、露営装備は、どのように準備したのか。わが身に置き換えて、成政の山越えを計画してみると、相当な難問が「計画断念」を示唆するのだが……。

その点、安房峠を越えたとすると、可能性はずっと高まる。成政の針ノ木越え伝承よりさらに二十年ほど前の永禄二年（一五五九）と同七年（一五六四）の二度にわたり、時期は冬場ではないといわれているが、武田信玄が飛騨の江馬氏を攻めた際、安房峠を越えている。安房峠越えは、成政以前すでに軍用として使える道だったのである。

大正末の「針ノ木越え」異聞

私はここで、佐々成政の針ノ木越えの虚実のいずれにも軍配を上げるつもりはさらさらない。山にまつわる話には、こんな話もあるのだということを、お茶の話題、酒の肴にでもしてもらえれば、と紹介するまでである。

その話というのは、大正年間に行なわれた「針ノ木越え」である。

大正十二年冬、名古屋の富豪、伊藤孝一氏、大町の「対山館」主人で文人としても知られる百瀬《ももせ》慎太郎氏、それに燕山荘《えんざんそう》の初代、赤沼千尋《ちひろ》氏の三氏が中心になり、冬の針ノ木峠を越えようということになった。三十歳前後で意気軒昂だった三氏は、恐らく佐々成政の事績を実証しようとしたものと思われる。今の貨幣価値に換算すれば数億円にもなるカネは伊藤氏が用立てて、三氏はまさに初期のヒマラヤ遠征にも匹敵しようかという壮挙を敢行することになった。しかも本職の映画撮影技師を同行させ、日本初となる本格的山岳記録映画の撮影も目的に加えたのである。

しかし、二月、大町から針ノ木谷へ入った一行を待ち受けていたのは猛烈な吹雪だった。中腹の大沢小屋付近で一週間ほど停滞してねばったが、一向に好転しない天候に、遂に撤退を余儀なくされる。それでは、と、今度は富山側から入山することに計画を変更、芦峅寺《あしくらじ》で態勢を整え直し、三月四日からベースの立山温泉への荷上げを始め、まず松尾峠越えで三月十六日、立山の雄山《おやま》へ登頂を果たす。その後、いったん立山温泉へ引き返し、越中沢乗越から平ノ渡しを経て、同二十一日、針ノ木の山頂に立ち、翌二十二日、一行は無事大町に抜けた。

途中、撮影のため多少の寄り道をしているが、針ノ木越えにはほぼ一週間かかった、と見てよいだろう。芦峅寺の名ガイドとして知られる、佐伯一族の平蔵をはじめ、屈強な強力が大勢加わった総勢三十余名の大編成によって勝ち取った成功である。

本題から少しそれるが、伊藤氏らは、翌大正十三年も、事前に山小屋を特設するなどの準備をして、薬師《やくし》岳から黒部五郎《くろべごろう》岳―三俣蓮華《みつまたれんげ》岳―槍ヶ岳のコースで、一ヵ月余の冬の大山行を敢行し、無事に上高地へと下山した。日本の山岳史上、彼らが記録した映像とともに、まず第一級の壮挙といっていいのではないか。

「後立山連峰」という呼び方

閑話休題――。

確かに、伊藤氏たちの山行によって、雪山での針ノ木越えの可能性は実証された。さらにいえば、伊藤氏たちが針ノ木越えを行なう以前から、猟師たちがカモシカやクマを求めて、針ノ木周辺の雪山へ入っている。喜作《きさく》新道（というより、今は表銀座コースといった方が分かりやすい）を拓いた、あの小林喜作も獲物を求めて、針ノ木近くの棒小屋《ぼうごや》沢で雪崩に遭い圧死している。

ただ、一つ言えるのは、伊藤氏たちが成功したのは、雪が締まり安定してくる三月中旬以降だったということである。しかも、北アルプスでも日本海に近い越中、越後の山々は、信州側よりも積雪は一段と深く、冬山の気象遭難、雪崩遭難の多くが十二月から二月に集中する傾向にある。装備も、食料も、天気予報もままならなかった時代に、成政が伊藤氏一行並みの行動がとれたのだろうか。峠の両側に人家のあった安房峠なら合点が行くのである。

針ノ木越えの話のついでにいえば、針ノ木岳から白馬岳へ至る山稜を一括して「後立山《うしろたてやま》連峰」と呼ばれることに、多少の違和感を覚えるのは私だけだろうか。つまり、「後立山」という言い方は、富山藩の奥山廻《おくやままわ》りの言い回しが、固有名詞として定着してしまったわけだが、鹿島槍ヶ岳、五竜岳、白馬三山までが「立山」領域に組み入れられるのは、山稜の構成から見て、どうかと思うのである。

越中から見ると、曼陀羅《まんだら》の山「立山」の、さらに後方にある山々は謎に満ちたところであったろう。金銀の宝庫と見られていたか、魑魅《ちみ》魍魎《もうりょう》の世界と恐れられていたか、いずれにしても越中から見てロマンの舞台だったことは確かである。そこへ、一介の山登りが今様の解釈から文句をつけるのは、いささか無粋であることは承知の上である。

ともあれ山の世界は、事象のとらえ方、見方によって、さまざまな解釈や夢を描ける。表題を『山の社会学』として書き続けてきたが、山の話のタネは尽きることはあるまい。

おわりに

四十有余年になる山行で、気がついたこと、感じた事象などを折々にまとめていた。半ば死蔵しかけていたが、ルーティンの業務から解放されたのを機に、その一部の公表を考えた。しかし、カビ臭くなった稿も多く、また、これまでの間に山書ブームが起き、紀行やガイドの分野では、山についてほぼ書き尽くされた感がなくもない。元原稿に目を通し、再編集への適切なアドバイスをしてくれたのが、文春新書編集部の宇田川眞さんである。

山行は毎年、三十日前後続けてきているとはいえ、新しい視点で山や登山を取り上げるとなると、改めてことの経過やデータの再集録を迫られた。常日頃から中部山岳関係者にはお世話になっているが、燕山荘の赤沼淳夫さん、槍岳山荘の穂苅貞雄さんの両長老をはじめ、八ヶ岳観光協会会長米川正利さん（黒百合ヒュッテ）ら、ご交誼をいただいている各地の山小屋経営者、そして上高地西糸屋山荘の奥原教永さんら数多くの岳友の皆さんには再取材に際し、何かとご協力いただいた。また、環境省の各機関、林野庁、山岳をかかえる各県の自然・環境部門の担当者からは、快くデータの開示を受けることができた。

記述の大半は、自分の足と目で確認し、関係者から直接取材したデータに基づいている。とはいえ、何せ広い国土の山、野である。一人で見聞し得たのは、ほんの一部に過ぎないことは承知している。時代の推移などについても、一介の流浪登山者が勝手な思い込みをしてしまっている懸念もなくはない。

それぞれの分野の山岳通をもって任じる方にとっては、既知の事象も多かろうと思う。また、ことさらに日本の登山史自体に注目し、それを主なテーマにしたわけでもない。ここでは広く熟年から、将来、山岳を趣味、研究のフィールドにと考える方に、山や登山を理解する上で一般常識の一助になれば、と考えることを執筆の基本とした。

最後に、言わずもがなではあるが、私の母体の信濃毎日新聞の関係者には、直接、間接にさまざまな資料の提供をいただいた。また、勝手な山行を終始、容認してくれている妻の協力があることを書き添えさせていただきたい。

二〇〇一年　残雪の常念山脈を仰ぎつつ

菊地　俊朗

菊地俊朗（きくち としろう）

1935年、東京生まれ。早大卒。信濃毎日新聞入社。社会部長、常務取締役松本本社代表などを歴任、現在、監査役。記者時代より山岳遭難、山岳環境問題を追究。この間、64年、長野県山岳連盟を中心とするヒマラヤ・ギャチュンカン登山隊に隊員として参加。その遠征報道で日本新聞協会賞（編集部門）を受賞。著書に『栄光への挑戦』（二見書房）など。

文春新書

175

山《やま》の社会学《しやかいがく》

平成13年6月20日　第1刷発行

著　者　　菊　地　俊　朗
発行者　　東　　眞　史
発行所　株式会社　文　藝　春　秋

〒102-8008　東京都千代田区紀尾井町3-23
電話（03）3265-1211（代表）

印刷所　　理　想　社
付物印刷　大日本印刷
製本所　　大　口　製　本

定価はカバーに表示してあります。
万一、落丁・乱丁の場合は送料小社負担でお取替え致します。

ISBN4-16-660175-X

◆日本の歴史

皇位継承　高橋紘・所功　001
史実を歩く　吉村昭　003
黄門さまと犬公方　山室恭子　010
名字と日本人　武光誠　011
渋沢家三代　佐野眞一　015
ハル・ノートを書いた男　須藤眞志　028
象徴天皇の発見　今谷明　032
古墳とヤマト政権　白石太一郎　036
江戸の都市計画　童門冬二　038
三遊亭圓朝の明治　矢野誠一　053
海江田信義の幕末維新　東郷尚武　079
昭和史の論点　坂本多加雄・秦郁彦・半藤一利・保阪正康　092
二十世紀日本の戦争　阿川弘之・猪瀬直樹・中西輝政・秦郁彦・福田和也　112
消された政治家　菅原道真　平田耿二　115
ベ平連と脱走米兵　阿奈井文彦　126
江戸のお白州　山本博文　127
手紙のなかの日本人　半藤一利　138
伝書鳩　黒岩比佐子　142
物語　大江戸牢屋敷　中嶋繁雄　157
県民性の日本地図　武光誠　166

◆アジアの国と歴史

韓国人の歴史観　黒田勝弘　022
中国の軍事力　平松茂雄　025
蔣介石　保阪正康　040
「三国志」の迷宮　山口久和　046
権力とは何か　安能務　071
中国人の歴史観　劉傑　077
韓国併合への道　呉善花　086
アメリカ人の中国観　井尻秀憲　097
中国の隠者　井波律子　159
日本外交官、韓国奮闘記　道上尚史　162
インドネシア繚乱　加納啓良　163

◆世界の国と歴史

二十世紀をどう見るか　野田宣雄　007
物語　イギリス人　小林章夫　012
戦争学　松村劭　019
決断するイギリス　黒岩徹　026
NATO　佐瀬昌盛　056
変わる日ロ関係　安全保障問題研究会編　062
ローマ人への20の質問　塩野七生　082
首脳外交　嶌信彦　083
揺れるユダヤ人国家　立山良司　087
物語　古代エジプト人　松本弥　093
スーツの神話　中野香織　096
民族の世界地図　21世紀研究会編　102
サウジアラビア現代史　岡倉徹志　107
新・戦争学　松村劭　117
テロリズムとは何か　佐渡龍己　124
ドリトル先生の英国　南條竹則　130